Allitera Verlag

Bayerische *Landpartien*

Dieser Band wird herausgegeben vom Verein Flößerstraße e.V. Der gemeinnützige Verein mit Sitz in der Internationalen Flößerstadt Wolfratshausen widmet sich der Erforschung, Bewahrung und kulturellen Pflege der spannenden Geschichte der Flößerei. Die »Flößerstraße« verläuft durch ganz Bayern in einer Zeitreise: Sie begleitet und stellt Orte und Regionen auf verschiedene Weise vor, an deren Gewässern einst geflößt wurde und heute noch wird. Seit der Gründung im Jahr 2009 hat der Verein vielerlei zu diesem Thema veröffentlicht und Veranstaltungen und Aktionen durchgeführt. → siehe www.floesserstrasse.eu

Hinweise zu Kartenmaterial des ISARRADWEGS und Radroute mit GPS-Track stehen kostenlos zum Download auf www.floesserstrasse.eu bereit

Die beiden Medien – das Buch zum Schmökern und das Internet mit seiner zielgerichteten Suche – werden so perfekt miteinander verbunden.

Danke für die hilfreiche Mitarbeit an: Jakob Wetzel, Sabrina, Jörg und Tamina Schwenger, Hermann Paetzmann, Peter Fischer, Rainer Burkhardt und Werner Grimmeiß vom ADFC Bad Tölz-Wolfratshausen. Ferner die Stadtarchive Ismaning, Freising, Moosburg, Landsberg, Landau, Dingolfing; St.-Nepomuk-Museum Plattling, Archiv Karl A. Bauer, Heimatpflegeverein Bruckberg e.V., Schlossmuseum Ismaning und Dr. Michael Stephan.
Danke für die freundliche Unterstützung an: Bezirk Niederbayern, Bezirk Oberbayern/Fachberatung Heimatpflege, ISARRADWEG, ADFC Bad Tölz/Wolfratshausen, Bayern Tourismus Marketing GmbH, OLAtv, Stadtarchiv München, Tourismusverband Ostbayern e.V., Landratsamt Deggendorf

Mai 2021
Allitera Verlag
Ein Verlag der Buch&media GmbH München

Redaktion: Dietlind Pedarnig
Satz und Umschlaggestaltung: Johanna Conrad
Umschlagbild vorne: © Stockfoto-Nummer: 1449678869
Umschlagbild hinten: Flößerimpression © Gabriele Rüth
Kartenmaterial Umschlaginnenseiten: © Werner Grimmeiß,
ADFC Bad Tölz-Wolfratshausen
Gesetzt aus Aldus LT Std und Amor Sans Pro
Printed in Europe · ISBN 978-3-96233-265-5

Allitera Verlag
Merianstraße 24 · 80637 München
Fon 089 13 92 90 46 · Fax 089 13 92 90 65

Weitere Publikationen aus unserem Programm finden Sie auf www.allitera.de
Kontakt und Bestellungen unter info@allitera.de

Gabriele Rüth

Entlang der Isar

Band 2

**Von München bis Deggendorf –
Ausflüge auf den Spuren der Flößer**

Unter Mitwirkung von Jakob Wetzel

Allitera Verlag

Inhalt

Vorwort

Wasser ist die Quelle alles Seins. Am Wasser entstanden Siedlungen und Städte. Wasser ist nicht nur Lebensader für Landschaft und Lebewesen, sondern auch für die Wirtschaft und Berufe wie Landwirt, Müller, Flößer oder Fischer. Ohne Wasser kein Leben, keine Gesundheit, keine Zivilisation, kein Wohlstand. Ein Bad im kühlen Nass macht ebenso Spaß wie eine Boots- oder Floßfahrt. Auf der anderen Seite kann Wasser zur Bedrohung werden – egal, ob man davon zu wenig hat oder zu viel. Die Isar ist vor rund 10 000 Jahren aus dem Gletscherschmelzwasser der Würmeiszeit entstanden. Bis in die Neuzeit konnte sie sich ihren urwüchsigen Charakter erhalten, mit unzähligen Nebenarmen, ausgedehnten Kiesbänken und einem Hauptarm, der mit jedem Hochwasser seinen Lauf veränderte – und damit das Leben in den angrenzenden Siedlungen prägte. Trotz ständig wechselnder Wasserstände und Fahrrinnen diente die Isar als wichtiger Transportweg. Flöße fuhren einst nicht der Gaudi wegen von Wolfratshausen nach München wie heute, sondern beförderten Güter und Personen regelmäßig vom Alpenrand in die Landeshauptstadt, bis zur Donau und weiter – es heißt, sogar bis zum Schwarzen Meer. Deshalb ist die Flößerei seit 2014 immaterielles Kulturerbe der Deutschen UNESCO-Kommission.

Gabriele Rüth
1. Vorsitzende
Verein Flößerstraße e. V.

Zungenbrecher

Floßfahrer, die als Fischer
auf Flussflößen auf Floßflüssen fahren,
sind fischende Floßflussflussfloßfahrer.
Wenn die fischenden Floßflussflussfloßfahrer
aus den Floßflüssen Fische fischen,
sind's nicht Floßfische
auch nicht bloß Fische
es sind Floßflussfische,
es sind Flossenfische:
Es sind Floßflussflossenfische.

Einleitung: Lebensfluss Isar

Vielbefahrener Handelsweg

Die Isar – kaum ein Fluss ist so eng mit der bayerischen Geschichte und Tradition verbunden. Trotz ihres Tiroler Ursprungs ist sie der Fluss der Bayern. An keinem anderen bayerischen Fluss liegen so viele geschichtsträchtige Orte – vor allem: Sie fließt durch München, die Landeshauptstadt des Freistaats Bayern. Die Gründung Münchens im Jahr 1158 steht in direktem Zusammenhang mit der Brücke über die Isar und den damit verbundenen Auseinandersetzungen um Macht und wirtschaftlichen Einfluss. Der dadurch einfach zu kontrollierende Handelsverkehr ermöglichte regelmäßige Einnahmen durch Zollgebühren. Der Ort gewann so an zusätzlicher Bedeutung. Die Isar war schon in vorgeschichtlicher Zeit ein viel befahrener Handelsweg. Auch die Römer nutzten den Fluss, um Waren wie Wein, Südfrüchte, Gewürze, Baumwolle und Seide aus den Alpen, Italien oder dem fernen Orient mithilfe von Flößen zur Donau zu transportieren. Durch den weiteren Ausbau der Orte gab es im holzarmen Unterland isarabwärts von München eine immer größere Nachfrage nach Baumaterialien – hauptsächlich nach Holz und Kalk.

Am Isarradweg bei Moosburg im Landkreis Freising.

Eröffnung der ersten Teilstrecke der Eisenbahnlinie München-Augsburg bis Lochhausen am 1. September 1839. Im Hintergrund der erste Münchner Bahnhof auf dem Marsfeld. Lithografie Gustav Kraus, 1840.

Heute hat die Isar keine Bedeutung mehr für den Transport, da sie über ihren gesamten Verlauf nicht mehr schiffbar ist. Flößbar ist sie heute ab Wolfratshausen bis München, aber das ist keine Konkurrenz für Eisenbahn und Lkw.

Dafür ist die Isar ein bedeutender Energielieferant. Durch ihre Kraft wurden seit dem Mittelalter unter anderem Wassermühlen angetrieben. Dank umfangreicher regulierender Maßnahmen konnte sie seit den 1920er-Jahren für die Erzeugung elektrischer Energie genutzt werden. Ein Beispiel ist das Walchenseekraftwerk (1923) als Stromlieferant für München. In jüngster Zeit gibt man durch verschiedene Maßnahmen der Isar zumindest auf Teilabschnitten ihren ursprünglichen Wildflusscharakter zurück. Wenig bekannt ist, dass an der Isar vor allem im 16. und 17. Jahrhundert zwischen Moosburg und Plattling Gold gewaschen wurde – zwar nicht besonders ergiebig, dafür umso geschätzter.

Touristisch bietet die Isar von der Quelle bis zur Mündung für Naturliebhaber und Sportbegeisterte, Städte- oder Museumsbesucher was das Herz begehrt: sehenswerte Ortschaften, Burgen und Schlösser, Isarlandschaften und Naturschutzgebiete, Wander- und Radwege. Dies alles kann auf dem ISARRADWEG bestens erlebt werden.

Isargold-Dukat mit der Büste von Kurfürst Carl Theodor, 1779.

Die Isar im Wandel

Die Isar lässt sich aufgrund ihrer naturräumlichen Ausprägungen und wasserbaulichen Maßnahmen in drei Abschnitte einteilen: Obere, Mittlere und Untere Isar. Die Obere Isar verläuft von der Quelle bei Scharnitz bis München. Als Mittlere Isar wird der Flussabschnitt vom Oberföhringer Wehr an der Münchner Stadtgrenze bis über Moosburg hinaus bezeichnet, als Untere Isar der Flussverlauf unterhalb von Landshut bis zur Einmündung in die Donau. Besonderheiten sind die »Kleine Isar« in München und in Landshut.

Natur erleben an der Isar

Der Alpenfluss galt seit jeher als »reißend«, wild und gefährlich. Die Hochwässer brachten Leid und Verwüstung über die Bevölkerung. Von seiner ungebändigten Kraft zeugten einst sein weit verzweigter Lauf, seine ausgedehnten Schotterbänke und Kiesufer. Die Untere Isar war im Naturzustand stark verzweigt, sie entfaltete ein 1000 Meter breites Rinnensystem, das nur zu Hochwasserzeiten ganz überströmt wurde. Die ersten wasserbaulichen Maßnahmen

Renaturierung der Isar bei Ismaning.

Isar-Renaturierung in München. Im Hintergrund das Deutsche Museum, rechts die Kleine Isar.

zur Regulierung des Wasserstandes reichen bis in das Mittelalter zurück. Seit Mitte des 19. Jahrhunderts wurde die Isar vor allem zum Schutz vor Hochwasser, aber auch zur Land- und Energiegewinnung befestigt, begradigt, eingedämmt und letztlich in eine Kette von Stauseen umgewandelt. Diese konnten zwar die Gefahr von Überschwemmungen eindämmen, der Preis war eine Veränderung der Landschaft: Viele der Kiesufer und -inseln, Nebenarme, Uferanbrüche und Auegewässer sind verschwunden oder vergreist, viele Tier- und Pflanzenarten selten geworden oder ganz verschwunden. In den 1980er-Jahren folgte die Kehrtwende, der Ruf nach mehr Naturnähe in den »korrigierten« Flussstrecken wurde lauter, und der »Erholungsdruck« nahm zu. Anfang 2000 führte dies zur beispielhaften Isar-Renaturierung.

Die Isar wird lebendiger

Die Isar wird vom Sylvensteinspeicher bei Lenggries bis zur Mündung bei Deggendorf wieder

Prachtlibelle.

Sibirische Schwertlilie.

zur Lebensader. Ein doppelter Gewinn: Mensch und Natur wurde ein wertvoller Lebensraum zurückgegeben, gleichzeitig profitieren seltene Tier- und Pflanzenarten. Im Stadtgebiet von München zum Beispiel wurde im Zuge des 2011 abgeschlossenen »Isarplans« das alte kanalartige Flussbett zu einem lebendigen und naturnahen Fluss umgestaltet. Der Freistaat und die Stadt München haben in dieses Vorhaben rund 35 Millionen Euro investiert. Nach der Staustufe kurz vor Landau ändert sich die Isar mit ihren Altwässern, den Isarauen bei Goben und dem renaturierten Ufer bei Zulling. Sie wird vom Wirtschaftsfaktor zum Naturparadies: Hier leben Biber, Libellen, Kormorane und der Eisvogel. Seit 2015 werden im Unteren Isartal auf 30 Kilometern zwischen dem Nordrand der Münchner Ebene bei Moosburg und den Donauniederungen im Gäuboden bei Landau mit dem EU-LIFE-Projekt »Flusserlebnis Isar« die Gewässerstrukturen aufgewertet.

Die Isarmündung

Bei Deggendorf fließt die Isar in die Donau. Die eindrucksvolle Flusslandschaft wird geprägt von zwei Flüssen mit unterschiedlichem Charakter: Die Isar ist ein Gebirgsfluss und die Donau ein Tieflandfluss. Wo sie zusammenkommen, erstreckt sich heute ein weitläufiges Poldergebiet, das bei Hochwasser zehn Millionen Kubikmeter Isarwasser fassen kann. Große Teile des Mündungsgebiets stehen seit 1990 unter Naturschutz. Dieser Bereich wurde in den 1990er-Jahren für knapp 10 Millionen Euro des Bundes renaturiert und danach weitgehend sich selbst überlassen. Er zählt jetzt zu den letzten großen naturnahen Mündungsgebieten Deutschlands.

Isarmündung bei Deggendorf.

Altwasser: ein Lebensraummosaik.

Isar-Schutzgebiete

Naturschutzgebiete ab München:
Fröttmaninger und Garchinger Heide, Freisinger Buckl, Vogelfreistätte Mittlere Isarstauseen, Mallertshofer Holz, Walperstettener Quellmoor, Vilstal bei Marklkofen, Magerstandorte bei Rosenau Isaraltwasser- und Brennenbereich bei Mamming.

FFH-Gebiete ab München:
Die Isar mit ihren Auen: zum Beispiel von Unterföhring bis Landshut, zwischen Hangenham und Moosburg sowie bei Goben. Unteres Isartal zwischen Niederviehbach und Landau (Wiesenbrütergebiete) mit Mettenbacher, Grießenbacher und Königsauer Moos. Untere Isar zwischen Landau und Plattling: Niedermoore und Quellsümpfe im Isar-Inn-Hügelland; schließlich die Isarmündung.

Ein Kanal für die Trift in München

Der Triftkanal wurde 1606 in Betrieb genommen. In ihm wurden die Stämme in den »Holzgarten« geleitet, der etwa den Bereich einnahm, wo heute das Wirtschaftsministerium und das Bayerische Nationalmuseum sind. Einen Teil bekam der herzogliche Hof, der Rest wurde an die Bürger verkauft. Der Triftkanal wurde nur zur Zeit der Holztrift voll geflutet. Bei der Trift schwimmen die Stämme lose im Wasser – im Gegensatz zu den gebundenen Flößen. 1870 wurde die Holztrift eingestellt, da der Holztransport mit der Eisenbahn günstiger und sicherer war. Um sich die Möglichkeit der Holztrift weiter offenzulassen, blieb der Triftkanal noch bis 1881 in Betrieb, dann wurde er aufgelassen und aufgefüllt. Die heutige Triftstraße erinnert an diese Zeit.

Isar-Kanäle, Speicher- (Stau-)seen

Kanäle sind Wasserstraßen mit einem künstlichen Gewässerbett. Sie werden beispielsweise genutzt zur Trinkwasserversorgung, zur Beseitigung von Abwasser, zur Umleitung von Wasser von einem Gewässer in ein anderes oder für die Schifffahrt. Heutzutage kommt die Nutzung der Wasserkraft hinzu. Vor München gibt es den Loisach-Isar-Kanal und den Mühltalkanal; in München den Isarwerkkanal mit den Wasserkraftwerken Höllriegelskreuth, Pullach sowie Isarwerk 1 bis 3 und den Auer Mühlbach (und weitere Stadtbäche).

Nahe der nördlichen Stadtgrenze Münchens zweigt der Mittlere-Isar-Kanal am Stauwehr Oberföhring von der Isar ab, um dort insgesamt sieben aufeinander folgende Wasserkraftwerke anzutreiben, die wiederum unter anderem die Deutsche Bahn mit Strom versorgen. Erst kurz vor Landshut fließt das Wasser zurück in die Isar, nach etwa 64 Kilometern und 109 Meter tiefer. Errichtet hat den Kanal von 1921 bis 1929 die »Mittlere Isar AG«, ein Unternehmen des Freistaats Bayern. Der Werkskanal der Uppenbornwerke fließt zwischen Moosburg an der Isar und Landshut.

Speicherstauseen begleiten die Kanäle ab München: der Ismaninger, Moosburger, Echinger, Altheimer, Niederaichbacher, Dingolfinger und der Mamminger Stausee. Sie dienen dem Ausgleich der Zufluss-

Schwankungen aus der Isar und als Speicher für die Verbrauchsspitzen der nachfolgenden Kraftwerke – und sie sind beliebte Freizeit- und Erholungsgebiete.

Wasserkraft

Die Nutzung der Wasserkraft ist die älteste Form der Stromerzeugung. In Bayern hat sie eine über 100-jährige Tradition. Sie hat einen Anteil von über 35 Prozent an der Stromerzeugung aus Erneuerbaren Energien und ist so wichtigster regenerativer Stromproduzent in Bayern. Und: Wasserkraft ist besonders klimafreundlich (kein CO_2) und ressourcenschonend. Die Wasserkraft erlaubt, Strom in größeren Mengen in Pumpspeicherkraftwerken zu speichern und trägt damit auch zur Stromnetzstabilisierung bei. Sie ist ständig verfügbar und in Bayern reichlich vorhanden. Außerdem leistet sie Beiträge zur Sohlstabilisierung der Flüsse (Vermeidung von Grundwasserabsenkung), zum Hochwasserschutz sowie zur Reinigung der Gewässer von Wohlstandsmüll und Grüngut. In Bayern gibt es etwa 4200 Wasserkraftwerke (Stand 2016). Diese haben insgesamt eine Ausbauleistung von etwa 2,9 Gigawatt. An der Isar sind es 28 Kraftwerke. Um sie heute insgesamt mit der notwendigen Wasserkraft zu versorgen, wird das Flusswasser mehrfach abgeleitet, kanalisiert und aufgestaut.

Münchner Isar produziert elektrischen Strom

Gegen Ende des 19. Jahrhunderts begannen die Münchner, die Nebenarme der Isar als Quelle für

Mittlerer Isarkanal bei Ismaning.

Wasserkraftwerk Isar 3 in Oberföhring.

elektrischen Strom zu nutzen. Benötigt wurde er unter anderem, weil München neuerdings über eine elektrische Straßenbeleuchtung verfügte. Den Anfang machten 1891 ein Elektrizitätswerk am Katzenbach und 1893 das Muffatwerk am Auer Mühlbach, eine Kombination aus Dampf- und Wasserkraftwerk. In den folgenden Jahren entstanden weitere Wasserkraftwerke, 1895 etwa das Maxwerk, das als ältestes Münchner Wasserkraftwerk noch heute in Betrieb ist. 1896 ging das Tivoli-Kraftwerk am Eisbach in Betrieb.

Zu Beginn des 20. Jahrhunderts kamen Wasserkraftwerke am Isarwerkkanal hinzu: 1908 nahe der Floßlände in Thalkirchen, 1923 am Flaucher, 1988 entstand die privat errichtete Bäckermühle in Untergiesing, 2006 errichteten die Münchner Stadtwerke etwa die Stadtbachstufe unterhalb der Braunauer Eisenbahnbrücke, unmittelbar neben dem Isarwerk 3; als eines von wenigen Kraftwerken gewinnt die Stufe mit einer Wasserkraftschnecke Energie.

2010 errichtete die Stadt im Zentrum, an der Maximiliansbrücke, ein unterirdisches Wasserkraftwerk, um das Erscheinungsbild der Stadt nicht zu stören. Insgesamt sind im Münchner Stadtgebiet heute 20 Wasserkraftwerke in Betrieb. Zusammen erzeugen sie rund 82 Millionen Kilowattstunden Strom im Jahr. Das entspricht etwa 1,1 Prozent des Stromverbrauchs der Metropole.

München

Stadtgeschichte

»München wurde an einer Straßenkreuzung errichtet«, erzählen Stadtführer gerne, doch das ist nur die halbe Wahrheit. Im Zentrum der Stadt, in der viele Jahrhunderte lang die bayerischen Herzöge, Kurfürsten und Könige residierten, begegnen sich zwar zwei alte Handelsrouten, die Weinstraße, die als Fernhandelsweg Italien mit dem Ostseeraum verband, und vor allem die Salzstraße, auf der kostbares Salz aus dem Raum Reichenhall nach Augsburg transportiert wurde. Zuallererst aber ist München an der Isar gegründet worden, in respektvollem Abstand, weil die Fluten immer wieder Brücken niederrissen und die Ufergebiete überschwemmten, aber doch nahe genug, um den Fluss zu kontrollieren. Denn zum einen war die mit Flößen schiffbare Isar ebenso wichtig für den Handel zwischen Süden und Norden. Und zum anderen wäre Herzog Heinrich der Löwe wohl nie auf den Gedanken gekommen, hier in der Schotterebene der Isar einen Markt zu gründen, hätte es den Fluss nicht gegeben. Heinrich ging es vor allem ums Geld. Als Kaiser Friedrich Barbarossa den Welfen 1156 mit dem Herzogtum Bayern belehnte, war dieser bereits Herzog von Sachsen und dort mit dem Ausbau seiner Macht beschäftigt. An Bayern interessierte ihn hauptsächlich die Salzstraße, denn diese führte gleichsam durch ein Nadelöhr: Um die Isar zu überqueren, mussten die Händler eine Brücke bei Föhring benutzen und

Münchens früheste Stadtansicht, Gemälde von Bernardo Bellotto (1721–1780), aus der »Schedelschen Weltchronik«. Mächtige Holzstapel liegen an der Floßlände bei der heutigen Ludwigsbrücke und auf der Isar schwimmen Flöße.

dafür dem Bischof von Freising Zoll zahlen.
Das weckte das Interesse des neuen Herzogs. Kurz nach seinem Herrschaftsantritt ließ Heinrich etwas weiter südlich, am Ort der heutigen Ludwigsbrücke, eine zusätzliche Brücke über die Isar schlagen und gründete dort, in der Nähe eines Klosters, einen neuen Markt – der Name »München« leitet sich von »bei den Mönchen« ab. Die Brücke des Bischofs ließ der Herzog kurzerhand niederreißen. Bischof Otto ließ sich das freilich nicht gefallen. Er rief den Kaiser zu Hilfe, den obersten Richter des Reiches. Und Barbarossa formulierte einen Kompromiss: Die Salzstraße sollte künftig über Heinrichs Brücke führen, dafür musste der Herzog dem Bischof ein Drittel seiner Einnahmen abgeben. Dieser Schlichtspruch vom 14. Juni 1158, der »Augsburger Schied«, gilt als Gründungsdokument Münchens.
In den folgenden Jahren ließ der Salzhandel München aufblühen. Und der Reichtum lockte Kaufleute und Siedler an. Bauholz erhielten

sie aus dem Oberland: Es wurde auf der Isar in die Stadt geflößt. An kleinen, regulierbaren Nebenarmen der Isar errichteten Handwerker ihre Werkstätten, darunter Müller, Bleicher, Flößer.
Auch die Wittelsbacher, die ab 1180 die Herzöge Bayerns stellten, wurden auf den florierenden Handelsplatz aufmerksam. Herzog Ludwig II., genannt »der Strenge«, ließ ab 1253 eine Festung am Rande Münchens errichten, den heutigen »Alten Hof«, der heute im Herzen Münchens liegt. Sein Sohn, Kaiser Ludwig der Bayer, der dort geboren wurde, schenkte München 1340 das Stadtrecht und verlieh seinem Heimatort auch die kaiserlichen Farben Schwarz und Gold, die bis heute die Stadtfarben Münchens sind.
Zur Großstadt wurde München freilich erst viel später. Zunächst ging es jahrhundertelang auf und ab mit der Stadt. Im Dreißigjährigen Krieg (1618 bis 1648) mussten die Münchner ihre Stadt 1632 kampflos an die Schweden übergeben, der Krieg brachte ihnen den wirtschaftlichen Ruin: Der Handel

Die heutige Ludwigsbrücke (Vordergrund). Beim ersten Vorgängerbau begann Münchens Aufstieg. Dahinter das Deutsche Museum auf der »Kohleninsel« (früher Lände).

Kirche St. Lukas mit dem 170 Meter langen Isar-Wehrsteg mit Fußgängerbrücke. Durch zehn Öffnungen kann Wasser abgelassen werden.

brach zusammen, das Handwerk ging ein. Nachdem die Schweden abgezogen waren, grassierte auch noch die Pest. Erst nachdem die Herrscher Bayerns ihre Großmachtansprüche aufgegeben hatten, blühte die Stadt wieder auf.

Ende des 18. Jahrhunderts ließ Kurfürst Karl Theodor die Wälle Münchens einebnen, die Gräben zuschütten und die Festungsmauern niederreißen. München konnte nun wachsen. Zählte die Stadt im Jahr 1800 noch etwa 40000 Einwohner, waren es ein Jahrhundert später bereits 500000. Die Stadt war 1806 zur Hauptstadt eines Königreichs geworden. Kurfürst Maximilian IV. Joseph von Bayern hatte mit dem französischen Kaiser Napoleon gegen das Heilige Römische Reich paktiert und dafür, als das Reich sich auflöste, zusätzliche Gebiete – darunter Franken – und eine Königskrone erhalten. Nachdem München 1839 auch noch an das Eisenbahnnetz angebunden war, entwickelte sich die Stadt zum wichtigsten süddeutschen Handelsplatz.

Hochwassergefahr

München rückte nun auch näher an die Isar heran. Die Münchner, die es sich leisten konnten, hatten bislang einen Sicherheitsabstand zum Fluss eingehalten. Wer in Isarnähe wohnte, etwa im Tal oder im Lehel, litt dagegen immer wieder unter Hochwasser. In der Mitte des 19. Jahrhunderts reagierten die Münchner: Sie errichteten Wehre, Deiche, Dämme und Ufermauern. Die Isar erhielt ein etwa 150 Meter breites, gerades Bett, und am Fluss entstand neues Bauland.

Gebannt war die Hochwassergefahr indes nicht, im Gegenteil: Weil sie sich nicht mehr ausbreiten konnte, trat die Isar sogar häufiger und früher über die Ufer als bisher. Ein Ende fanden die wiederkehrenden Überschwemmungen erst 1959, als isaraufwärts bei Lenggries der Sylvensteinspeicher fertiggestellt wurde. Er reguliert seitdem, wie viel Wasser in der Isar fließt. Gegen Ende des 19. Jahrhunderts begannen die Münchner zudem damit, die Nebenarme der Isar als Quelle für elektrischen Strom zu nutzen.

Schwierige Zeiten

Politisch erlebte München in der ersten Hälfte des 20. Jahrhunderts turbulente Zeiten. Nach dem Ersten Weltkrieg war die Stadt eine der Keimzellen der Demokratie in Deutschland: der USPD-Politiker Kurt Eisner rief am 8. November 1918 den Freistaat Bayern aus; der König floh, die Monarchie war abgeschafft. Einen Tag später folgte die Revolution in Berlin. Der Versuch, eine sozialistische Räterepublik zu errichten, mündete jedoch in einen blutigen Bürgerkrieg. Und die Stimmung kippte. 1919 gründete sich in München die Nationalsozialistische Deutsche Arbeiterpartei. Vier Jahre später scheiterte an der Feldherrnhalle ein Putschversuch Adolf Hitlers.

Als die Nationalsozialisten 1933 an die Macht gelangt waren, nannten sie München ihre »Hauptstadt der Bewegung« und vergrößerten diese systematisch: Umliegende Ortschaften wurden eingemeindet, die Einwohnerzahl stieg um zwei Drittel auf mehr als 800 000. Zugleich wurde München Keimzelle des Terrors: In Dachau, im Münchner Umland, errichteten die Nationalsozialisten ihr erstes Konzentrationslager.

Nach dem Zweiten Weltkrieg lag München in Trümmern. Die halbe Stadt war zerstört, nur eines von zehn Gebäuden in der Altstadt war intakt. Der Wiederaufbau dauerte

Der Sylvensteinspeicher bei Lenggries bannt die Hochwassergefahr bis München.

Königsbau der Residenz, Residenztheater, Bayerische Staatsoper und Denkmal für König Maximilian I. Joseph am Max-Josephs-Platz.

viele Jahre. Dennoch erlebte die Stadt bald nach 1945 einen beispiellosen Aufschwung. Die Wirtschaft blühte auf, die Stadt wuchs: Im Dezember 1957 wurde München zur Millionenstadt, im Mai 2015 durchbrach die Stadt die Schwelle von 1,5 Millionen Einwohnern. 1972 richtete München die Olympischen Sommerspiele aus. Die »heiteren Spiele« wurden von einem Attentat auf die israelische Mannschaft überschattet, gaben der Stadt aber auch ihr heutiges Gesicht: So erhielt München für die Spiele eine U-Bahn und eine Fußgängerzone.

Heute ist München eine weltoffene Stadt, die stolz präsentiert, was sie erreicht hat. Ihr historisches Erbe, ihre Schlösser und Denkmäler – Schloss Nymphenburg etwa ist die umfassendste Barockanlage Deutschlands – hat sie nach den Zerstörungen im Zweiten Weltkrieg zum größten Teil rekonstruiert. Jeden Abend heben sich mehr als 50 Vorhänge in der Stadt: unter anderem in zwei glanzvollen Opernhäusern, im Cuvilliés-Theater, im Residenztheater, in den Kammerspielen oder auch im Deutschen Theater. Der Münchner Festkalender ist übervoll, allen voran das Oktoberfest.

Fortschritt zeigt München mit Global Playern wie BMW und Siemens, mit Softwarehäusern, Biotech-Spezialisten und Multimedia-Agenturen. Die BMW-Welt ist mit jährlich drei Millionen Besuchern Münchens größter Touristenmagnet nach dem Oktoberfest. Und die Messe München ist einer der weltweit führenden Veranstalter. In Sachen Forschung und Entwicklung liegt die Stadt mit vorne. So sind die zwei großen Münchner Universitäten, die Ludwig-Maximilians-Universität und die Technische Universität, die einzigen deutschen Hochschulen, die von Bund und Ländern seit 2006 kontinuierlich als Exzellenzuniversitäten gefördert werden.

Die neoromanische Kirche St. Maximilian, die »Notre-Dame« Münchens, am östlichen Isarufer. Auf den Wiederaufbau der beiden spitzen Turmhelme wurde nach 1945 aus Geldmangel verzichtet.

Und die Isar?

Der Fluss, mit dem Münchens Geschichte begonnen hat, wurde zumindest südlich der Altstadt bis 2011 von seinen Fesseln befreit und sucht sich dort wieder sein eigenes Bett. Die Isar wurde renaturiert, zunächst aus ökologischen Gründen – die Initiative dazu entstammte der Umweltbewegung der 1980er-Jahre. Zugleich aber sollten die Münchner einen Ort erhalten, an dem sie ihre Freizeit verbringen konnten. Und indem das Flussbett gezielt verbreitert wurde, sollte sich auch der Hochwasserschutz verbessern. Seine Bewährungsprobe hat die zum Wildfluss umgestaltete »neue Isar« beim Hochwasser 2013 bestanden.

München und die Flößerei

Um 1300 war die Isarflößerei bereits in vollem Gang. Die seit 1318 erhaltenen Münchner Kammerrechnungen bezeugen einen lebhaften Floßverkehr. Wein war bis tief ins 16. Jahrhundert nicht nur in München, sondern im ganzen bayerischen Herzogtum das Hauptgetränk und deshalb Hauptimportgut. Bozen, Tramin, Trient, Treviso, Innsbruck werden früh als Bezugsorte genannt. Die Hälfte der zwölf Münchner Ratsmitglieder, die aus der ältesten erhaltenen Ratsliste von 1295 bekannt sind, haben nachweislich Tiroler Weine importiert.

Die Einfuhr von Olivenöl oder Baumöl, wie es in München hieß, war so wichtig, weil während der 40-tägigen Fastenzeit neben Fleisch auch der Genuss von Milchprodukten verboten war. Erst Papst Sixtus IV. hat 1480 auf Ersuchen Herzog Albrechts IV. dieses Verbot für München und Oberbayern mit dem Hinweis aufgehoben, dass dort kein Olivenöl wachse. Der Import südlicher Güter geschah mittels Transports durch Fuhrwerke oder

Erst die Kesselbergstraße (links) band München an die Straßen über die Alpen an. Mitte: Das Walchenseekraftwerk liefert Strom für München. Ansichtskarte um 1900.

mit Kraxen bis Mittenwald. Ab da wurden sie auf Flöße verladen. Mittenwald wurde zu einem bedeutenden Stapel- und Speditionsplatz für Waren aus dem »Welschland«, mit einem Floßhafen, einer Lände, die ein Kanal mit der Isar verband.

Der Transport von Frachten ab München war dem Münchner Floßhandwerk vorbehalten. Holz war das Hauptexportgut in die Donaustädte, daneben werden Papier, Käse, Bier, Felle, Rossdecken, Gerberlohe (aus Baumrinde) und »Münchner Golschen« (weiß-blau oder weiß-rot karierter Leinenstoff) genannt.

Waren für München

Von München gingen die entscheidenden Impulse aus für die Flößerei auf der Isar. Die Stadt war angewiesen auf diesen Fluss als Transportweg für ihren außerordentlichen Bedarf an Bau-, Werk- und Brennholz, den sie in ihrer Umgebung allein nicht decken konnte. Als Transportgut nennen die ältesten städtischen Quellen Holz, Kalk, Schindeln, Öl und Trockengut, also in Ballen verpacktes Handelsgut im Gegensatz zu Flüssigkeiten in Fässern wie Wein.

Denn München lag an keinem der großen europäischen Handelswege, hatte vor allem keine unmittelbare Straßenverbindung über die Alpen nach Süden. Der kurz nach 1400 unternommene Versuch zum Bau einer Straße von Tölz nach Mittenwald scheiterte. Erst die 1492 eröffnete Kesselbergstraße, die der Münchner Heinrich Barth im Auftrag Herzog Albrechts IV. gebaut hatte, band die Residenzstadt München an eine der Straßen über die Alpen an, nämlich die Route Augsburg-Schongau-Ammergau-Partenkirchen-Mittenwald-Innsbruck-Toblach-Venedig.

Die schier unerschöpflichen Nadelwälder im Isarwinkel bildeten das große Holzreservoir für München, das die Isar erschloss. Lärchenholz bezog die Stadt meist aus Mittenwald, dem Hoheitsgebiet der Freisinger Fürstbischöfe. Im Isarwinkel wurden jährlich etwa 25 000 Festmeter Rundholz gefällt, und südlich von Tölz schwammen 1800 Flöße die Isar hinab. Mit Ausnahme der Stadtbefestigung, der Kirchen und der wenigen öffentlichen Gebäude – wie des Rathauses und des Rechts- oder Dinghauses auf dem Marktplatz – waren die Häuser im 14. Jahrhundert weitgehend aus Holz errichtet und mit Schindeln gedeckt. Dagegen kam auch das 1342 von Kaiser Ludwig dem Bayern für München erlassene Gesetz, wonach Neubauten mit Ziegeln gedeckt werden mussten, schwer an.

Erst mit den gewaltigen Flächenbränden von 1327, 1418 und 1429 traten Steinhäuser ihren Siegeszug an. Jetzt waren es die Kalköfen an der Oberen und Unteren Lände und die Ziegelöfen in Haidhausen, private und seit 1429 auch städtische, die Hunderte von Brennholzflößen verschlangen – die Kalköfen 1494 allein 122 Flöße. Für den Brand von 15 000 Ziegelsteinen mussten viereinhalb Flöße mit einer Holzmenge von etwa 18 Kubikmetern verheizt werden. Des großen Holzverbrauchs wegen beschränkte eine von den Herzogsbrüdern Wilhelm IV. und Ludwig X. 1517 erlassene »Freiheit und Ordnung« für die Floßleute in den Landgerichten Tölz und Wolfratshausen die Zahl der Kalköfen in Tölz von 18 auf zehn. Die Kalkbrenner mussten sich sogar in die dortigen Zünfte der Flößer aufnehmen lassen. Kaum abschätzen lässt sich der Bedarf an Werkholz, etwa der Kistler (Schreiner), der Wagner, Zimmerer, Drechsler und Schäffler. Auch der Holzverbrauch der Münchner Brauer – 1372 waren es schon 21 –, der Bäcker, der Branntweinbrenner und der 15 Bäder und Badstuben war groß. Als Paradebeispiel für die Bauholzbeschaffung durch Isarflöße gilt der Dachstuhl der 1468 bis 1488 erbauten Frauenkirche. 147 Flöße hat Meister Heinrich für die Frauenkirche gebraucht, davon 49 Zimmer- und 43 Schnittholzflöße mit zusammen etwa 630 Festmetern Rundholz allein für den Dachstuhl der Kirche.

Auch Holzkohle kam über die Isar. Sie benötigten die Schmiede, vor allem Huf-, Hammer-, Messer-, Klingen-, Sensen-, Nagel-, Hauben- (Helm-)- und Nepper- (Bohrer-)schmiede, die Schlosser, Plattner, die Salwurchen (Hersteller von Ringpanzerhemden) und wohl auch die Stück- (Geschütz-) und Glockengießer in großen Mengen.

Die Stadt betrieb mit erheblichem Aufwand die Köhlerei und den Kohlenhandel und errichtete

Tölzer Möbel fürs Unterland. Floßmodell, Ausstellung 2011, Stadtmuseum Bad Tölz.

vor dem Isartor bei der Klingenschmiede nahe der Unteren Lände eine Kohlenhütte und einen Kohlenstadel als Lagerplätze für die Holzkohle. Die Kohleninsel, auf der heute das Deutsche Museum steht, und die Kohlstraße haben ihren Namen davon. Der Zeit weit vorauseilend sei vermerkt, dass im Jahr 1873 auf Flößen 32 223 Zentner Holzkohle in München anlandeten.

Natursteine kamen die Isar hinab – wie Nagelfluh, den man häufig in den Steinbrüchen bei Grünwald gewann oder Tuffstein, der um 1445/50 in stadteigenen Brüchen bei Wolfratshausen abgebaut wurde, dazu Pflastersteine für die 1393 auf dem Marktplatz begonnene Straßenpflasterung und auch behauene Steine: Mühl-, Schleif- und Wetzsteine. Aus Mittenwald kam 1429 eine Floßladung Salpeter, den man für die Pulverherstellung benötigte, und 1439 aus Ammergau 16 Zentner »Ärz«.

Berühmt in München waren Tölzer Bier sowie Tölzer Möbel. Die Tölzer Kistler lieferten ihre mit Blumen oder geistlichen Motiven geschmückten Fichtenholzmöbel auf Flößen.

Von Georgi (23. April) bis Michaeli (29. September) bestand in Bayern allgemeines Brauverbot: Das Bier für den Sommer musste vor dem 23. April eingesotten werden. Doch in München herrschte früher oft Mangel an Sommerbier, weil es, obgleich stärker eingebraut, in den zu warmen Münchner Lagerkellern vor der Verwendung von Eis zur Kühlung leicht umstand und sauer wurde. Da konnten die Tölzer Brauer – um 1800 gab es dort an die 20 – in die Bresche springen.

Seinen Höhepunkt erreichte der Isarverkehr zwischen 1860 und 1870. Die einschlägigen Zahlen zeigen die Exportfähigkeit der Landschaften des oberen Isargebiets: Das Maximum verzeichnet das Rechnungsjahr 1864/65, in dem über 11 145 Flöße München erreichten. Haupttransportgut war nach wie vor Bau- und Brennmaterial (1874: 46 269 Ster Brennholz), Schindeln (1874: 44 137 Büschel), Weidenfaschinen, Hopfen- und Telegrafenstangen (1874: 21 126 Stück), Torf (1874: 12 298 Zentner), Holzkohle (1874: 30 608 Zentner), gebrannter Kalk (1874: 90 502 Mutt, das Mutt etwa 890 Liter), Gips (1874: 81 988 Fässer), Kreide, außerdem Hafnererde, Pferde- und Kuhbarren (-stangen), Schleif- und Wetzsteine, aber

Tölzer Brauer lieferten Bier nach München. Teil eines Wandgemäldes im Bad Tölzer Landratsamt.

auch Kälber, Schafe und Fische. Im 20. Jahrhundert gingen die Floßankünfte in München durch die Konkurrenz von Eisenbahn und Lkw rapide zurück: 1900: 5164 Flöße; 1920: 2038; 1926: 2800; 1936: 608.

Die Münchner Floßländen

Hauptschauplatz und Hauptumschlagplatz der Isarflößerei waren die seit der Mitte des 16. Jahrhunderts bestehenden Floßländen von München, besonders die »Untere Lände« isarabwärts nördlich der Ludwigsbrücke und den Praterwehrschleusen an der heutigen Steinsdorfstraße. Sie wurde auch als »Gemeine Lände« bezeichnet.

Aus der »Oberen Lände am Westermühlbach« wurde die »Obere Lände im Bach beim Gottsacker«, bei dem seit 1563 bestehenden Südfriedhof. Sie hatte nicht die Bedeutung der Unteren Lände, denn sie war als Kopflände für den Floßtransit nicht verwendbar. Hier hatten vor allem die Müller, Bäcker und Brauer ihre Holzlagerplätze, weshalb sie auch als Bäcker- oder Brauerlände bezeichnet wurde. Auch ein großer Holzmarkt etablierte sich. Die Holz- und die Baumstraße erinnern noch an sie. Jeder Bürger konnte für acht Kreu-

Canaletto-Blick auf München 1761; Gemälde von Wilhelm Eilers, um 1900

zer Leggeld pro Klafter einen Holzlagerplatz mieten. Beide Länden werden schon um 1310 genannt, als der Rat für »niden an der lent« und »oben bei der lent« je drei Pfleger bestimmte. Um die Mitte des 16. Jahrhunderts wurde die Untere Lände am linken Ufer oberhalb der Isarbrücke erweitert. Dafür bürgerte sich die Bezeichnung »Obere Lände« ein.

Separat ausgesteckt bei der Floßlände an der Ludwigsbrücke waren eine eigene Wein- und eine Schäfflerlände. Die Schäfflerlände reichte 1644 von der heutigen Thierschstraße bis zu den städtischen Holzlegen, unter denen es eine Baderholzleg gab, die man den Badbesitzern überlassen hatte, weil sie ihr Holz nicht mehr vor ihren Haustüren stapeln durften. 1688 hatten die Schäffler 73 Holzlegen an der Lände, jede sechs Schuh lang für sechs Kreuzer im Jahr.

Die Weinlände musste von Michaeli (29. September) bis Georgi (23. April) für die Weinflöße freigehalten werden. Streng verboten war es, die Weine zu versuchen und an der Lände zu kaufen. Die Weine mussten auf den Weinmarkt gebracht werden, der um 1530 montags auf dem heutigen Marienplatz stattfand. Die Kammerrechnung von 1790 führt die drei Münchner Länden als »Lände am Isarturm«, »Lände beim Sendlinger Tor« und »Lände am Grünen Baum« oder »Ketterllände« nach den dortigen Flößerwirtschaften auf.

Zu den ältesten Wasserbauwerken zählt das 1815 errichtete **Praterwehr** in der Großen Isar. Seine Aufgabe bestand ursprünglich darin, den für das Ländgeschäft an der Unteren Lände notwendigen Wasserstand einzustellen und den weiterfahrenden Flößen einen gefahrlosen Abstieg ins Unterwasser zu ermöglichen. Die über München abwärts fahrenden Flöße, zum Beispiel für die Wienerfloßfahrt, passierten die beiden Praterwehrschleusen. Die Ländordnung der kgl. Haupt- und Residenzstadt München von 1856 kennt nur noch zwei Länden, weil man die beiden Isarländen als Lände zwischen der Reichenbachbrücke und Praterablass zusammengenommen hatte. 1857 kam wieder eine dritte Lände hinzu, die Notlände bei Thalkirchen.

Interessant: 1865, anlässlich eines starken Preisrückgangs für Holz, tätigten Holzhandelshäuser vom Rhein und Neckar beachtliche Ankäufe von Langholz an den Münchner Länden und ließen es mit der Bahn weiterbefördern. Die wachsende Großstadt begann in den 1860er Jahren, in der Zeit der größten Entfaltung des Münchner Floßverkehrs, mit Verhandlungen über die Zusammenfassung und Verlegung der Länden aus dem Stadtgebiet. Die Isar wurde in ein Bett mit starren Ufern gefasst, um für ausreichende Abflusstüchtigkeit zu sorgen. Die Isarregulierung von 1886 mit ihren mächtigen Kaimauern zwischen der Maximilians- und Ludwigsbrücke verdrängte die jahrhundertealte Untere Lände. Erhalten blieb damals der neuere Teil der Isarlände zwischen der Reichenbach-Fraunhofer- und Ludwigsbrücke. Auch die Obere Lände am Westermühlbach lag mit ihren hoch aufgeschichteten Baumstämmen und Holzlagern dem freien Verkehr mehr und mehr im Weg. Am 12. Januar 1899 genehmigte das königliche Bezirksamt München I die Pläne der Stadt München für eine Zentrallände mit Ländebassin, Zu- und Abfahrtskanal auf den ihr gehörenden Grundstücken bei Maria Ein-

Verkaufsverhandlung mit Holzhändlern im Lehel. Um 1900.

siedel in der Gemeinde Thalkirchen. Sie wurde im selben Jahr eröffnet, die beiden Stadtländen stillgelegt.

Ab 1900 gab es nur noch die Zentrallände und eine kleine Lände auf einem Platz der Auer Wassergenossen, einer Vereinigung Münchner Wasserwerksbesitzer rechts der Isar. Diese lag bei Harlaching oberhalb des Auer Senkbaums (Querbalken zum Aufstauen oder Ablassen von Wasser). Dort, bei der Marienklause, beteten die Flößer, weil sie das Auer Wehr fürchteten wegen einer Stromschnelle und des starken Gefälles ab Großhesselohe. An der Zentrallände legten im ersten Jahr ihres Alleinbestehens 5164 Flöße an, von ihnen kamen 1378 von der Loisach. Die Zentrallände ist heute die einzig verbliebene Lände in München, hier beenden die Vergnügungsflöße ihre Fahrt. Ein Floßverkehr von München abwärts fand nicht mehr statt. Die Passage durch die Praterwehrschleusen wurde für die Wienerfloßfahrt 1910 zum letzten Mal benutzt.

Ländhüter und Bierzäpflersgerechtigkeit

Den Ländbetrieb und die Länden überwachten und betreuten zunächst vom Rat eingesetzte Pfleger, dann Ländhüter, die seit 1404 nachzuweisen sind. Sie mussten

nach dem städtischen Eidregister von 1465 schwören, aufzupassen, dass die Flöße die rechte Breite hatten, zudem aus keinem Fass zu trinken und dies auch keinem anderen zu erlauben. Sie hatten auch zu verhindern, dass Ruderstangen und anderes weggetragen wurden. Zu ihren Aufgaben gehörten auch, die Maut-, Lager- und Magazingebühren, Land- und Hänggeld zu kassieren sowie die vorgeschriebenen Liegezeiten der Flöße und den Holzverkauf zu überwachen. Außerdem mussten sie Flöße abmessen, die »nach dem Gesicht« (ohne Feststellung der Holzmenge) verkauft wurden. Flöße, die zu lange unverkauft im Wasser lagen, waren herauszunehmen und auf »Ganter« (Unterlage von Balken) zu legen. Brennholz durfte zwischen St. Veit (15. Juni) und Michaeli (29. September) nicht länger als sechs Wochen, zwischen Michaeli und St. Veit nicht über vier Wochen »unaufgehackt« an der Lände liegen bleiben. Nur Flößen mit Steinen oder schwerem Bauholz war das Anlanden in den »Ausmähnen« erlaubt – das waren besondere Ufereinschnitte, auf denen sie mit Pferdegespannen herausgezogen werden konnten. Alle anderen Flöße mussten an den Uferwänden anlanden und ihre Frachten auf

Bronze-Flößerskulptur von Fritz Kölle (1939) beim Abzweig in den Floß-Ländkanal in Hinterbrühl.

Die Zentrallände in Thalkirchen gibt es seit 1900. Hier: Flößerprozession zur Wallfahrtskirche St. Maria Thalkirchen, organisiert alle drei Jahre vom Maibaumverein Thalkirchen.

Bretterstiegen ausladen. Helfer der Ländhüter waren die Ländknechte, die Holzhüter und später ein Ländschreiber. 1766 erging eine Instruktion an die älteren städtischen Gerichtsdiener, die ihnen eine Art Oberaufsicht über die Länden übertrug und einen wöchentlichen Rapport abforderte. Unter anderem hatten sie zu melden, wenn unterwegs Bier angezapft wurde. Als städtische Bedienstete erhielten die Ländhüter das übliche Quatembergeld, jährlich einen »schlechten« (schlichten) Rock, zinsfreie Wohnung im Ländhaus und dazu als Teil des Lohnes eine »Bierzäpflersgerechtigkeit«, also das Recht, Bier auszuschenken. Auf diese Weise entstanden die Wirtschaften »Zum Grünen Baum«, beim »Turmwirt« und beim »Ketterl«. Die Wirtshäuser wurden nicht nur von den Flößern fleißig aufgesucht, sondern auch von Spaziergängern, den Soldaten und Unteroffizieren der benachbarten Kasernen oder Fuhrleuten, die zur Au hinausfuhren. Gleich hinter dem westlichen Teil der heutigen Ludwigsbrücke standen diese

Allegorie der Flößerei, Werk des Bildhauers Hugo Kaufmann (1868–1919), einer von heute nur mehr drei Brückenköpfen (Pylonen) an der Ludwigsbrücke.

Flößerwirtschaft »Zum Grünen Baum« an der Unteren Lände, der heutigen Steinsdorfstraße, vor ihrem Abbruch 1886. Zeichnung von Max Kuhn, 1895.

Wirtshäuser, dazu das Haus des Ländmeisters und das Ländbüro. Im »Turmwirt« gab es die meiste »Straßenkundschaft«. Am berühmtesten war der »Grüne Baum«, von dem es Ende des 18. Jahrhunderts vielverbreitete, mit Versen versehene Kupferstiche als eine der originellsten Wirtschaften Alt-Münchens gab.
Die Isarregulierung setzte den Flößerwirtschaften »Zum Ketterl« und »Zum Grünen Baum« ein Ende. An letztere erinnert heute eine Gedenktafel in der Steinsdorf-/Ecke Ländstraße. Die Inschrift lautet: »Hier stand am Isarufer bis zum Jahre 1886 die weithin bekannte Flösserwirtschaft Zum Grünen Baum, besucht von den Königen Ludwig I. u. Maximilian II. u. Stammlokal Münchner Künstler.«

Erinnerungstafel Wirtschaft »Zum Grünen Baum«, Steinsdorf-/Ecke Ländstraße.

Gemälde »Monachia« im Sitzungssaal des Münchner Rathauses von Carl Theodor von Piloty (Kopie eines unbekannten Künstlers); Mitte: ein Flößer mit seiner Flößerhack. Er steht hinter der Allegorie der Isar, die aus einem Krug Wasser ausschüttet.

TIPPS ZU MÜNCHEN

In München gibt es viele Sehenswürdigkeiten, Schlösser, Museen, Kirchen, Parks oder Plätze. Zu viele, um sie alle hier aufzulisten. Deshalb hier die wichtigsten, die man gesehen oder besucht haben sollte.

Sehenswert allgemein: Das Wahrzeichen Münchens, die gotische Dom- und Stadtpfarrkirche »Zu Unserer Lieben Frau« (Frauenkirche), Frauenplatz 12• Schloss Nymphenburg mit Parkanlage und Museen • die älteste Pfarrkirche Münchens: St. Peter (»Alter Peter«), Rindermarkt 1 • Fußballstadion »Allianz Arena«, Werner-Heisenberg-Allee 25 • Karlsplatz (»Stachus«) • Odeonsplatz mit Theatinerkirche und Feldherrnhalle • Residenz mit Schatzkammer und Cuvilliés-Theater, Residenzstraße 1 • das größte Technikmuseum der Welt: Deutsches Museum, Museumsinsel 1 (Kohleninsel, früher Lände) • Olympiapark mit Olympiaturm, Spiridon-Louis-Ring 21 • BMW-Welt, Am Olympiapark 1 • Gemäldegalerien Alte Pinakothek, Neue Pinakothek und Pinakothek

der Moderne, alle Barer Straße (Nr. 27, 29, 40) • Museum Brandhorst, Theresienstraße 35a • Tierpark Hellabrunn, Tierparkstraße 30 • Bayerische Staatsoper, Max-Joseph-Platz 2 • ehem. Kaiserresidenz »Alter Hof« • Viktualienmarkt

Gastronomie: »Hofbräuhaus«, Platzl 9 • »Isarthor«, Kanalstraße 2 • »Zum Dürnbräu«, Dürnbräugasse 2 • »Augustiner«, Orlandostraße 5 • »Der Pschorr«, Viktualienmarkt 15 • »Zwickl«, Dreifaltigkeitsplatz 2 • »Zum Alten Markt«, Dreifaltigkeitsplatz 3 • »Augustiner Stammhaus«, Neuhauser Straße 27 • »Augustiner am Dom«, Frauenplatz 8 • »Seehaus«, Kleinhesselohe 3 • »Hirschau«, Gyßlingstraße 15 • »Mini-Hofbräuhaus«, Gyßlingstraße (Englischer Garten) • »Alter Wirt«, Fraunbergstraße 8 • »Wirtshaus in der Au«, Lilienstraße 51 • »Zum Flaucher« (Biergarten!), Isarauen 8

Nützlich: Tourist-Infos im Rathaus, Marienplatz 8, Sendlinger Straße 1 und Luisenstraße 1 (Hauptbahnhof) • Polizei, Ettstraße 2 • Klinikum Rechts der Isar, Ismaninger Straße 22

Ois fürs Radl (der Isar entlang): Rad-Service Station Mariahilfplatz 17b • Service-Station am ISARRADWEG, Mariannenbrücke • Bahnhof Moosach • Bikeomaten: Ichostraße 5; Kleiststraße 2, Pilgersheimer Straße 29; Muffatstraße 3 • Radwerkstätten: vit:bikes, Pognerstraße 36 • Stadtrad089 in der Isarvorstadt, Thalkirchner Straße 88 • Andis Radlwerkstatt, Schachnerstraße 4 • Gegenwind, Thalkirchner Straße 145 • Fahrradzentrale Kropfhamer, Humboldtstraße 15 • Bike Schmiede, St.-Anna-Straße 18

Ois fürs Radl (Innenstadt): ADFC-Radlwerkstatt München Radlerhaus, Platenstraße 4 • öffentliche Fahrradpumpe: U-Bahnstation Kieferngarten • Fahrradschlauch-Automat: Fraunhoferstraße 24 • MVG Mietradsystem: Isartor; Stiglmaierplatz u.a. • Bikeomaten: Wiesentfelser Straße 29; Waldfriedhofstraße 45 • Radwerkstätten: Velopede, Kapuzinerstraße 39a • Fahrrad Zimmermann, Rumfordstraße 46 • Riesenhuber OHG, Fraunhoferstraße

Sehenswertes zur Flößerei: »Asamkirche« (offiziell: Kirche St. Johann Nepomuk, der Flößerheilige und Brückenpatron), Sendlinger Straße 32 • Stadtmuseum, St.-Jakobs-Platz 1 • Stadtarchiv München, Winzererstraße 68 • Flößer-Wallfahrtskirche St. Maria Thalkirchen, Fraunbergplatz 1 • Zentralände, Zentraländstraße 30 • Bronze-Flößerskulptur, Hinterbrühl / Conwentzstraße • Floß- (auch Länd-)kanal, Thalkirchen / Hinterbrühl, Abzweig vom Isarwerkkanal, Schleusenwärterhaus Zentraländstraße 35; Zentraländstraße 41 • Marienklause, Marienklausenbrücke • Nepomuk-Brücke mit Nepomuk-Statue, Isarwerkskanal Hinterbrühl • Länd-, Kohl-, Baum-, Triftstraße • Nepomuk-Statue Praterwehrbrücke • »Flößer« am Pylon Ludwigsbrücke • Sammlung Schack, Prinzregentenstraße 9 (Gemälde »Der Tod des Johann von Nepomuk«) • Gedenktafel zur Wirtschaft »Zum Grünen Baum« Ecke Steinsdorfstraße 14 / Ländstraße • Ludwigsbrücke (Vorgänger: Hier stand die Isarbrücke, mit der Heinrich der Löwe 1158 den Salzhandel von der Isarbrücke bei Oberföhring in sein Hoheitsgebiet umleitete) • Flößergasse (Mittersendling)

Gastronomie: Flößereinkehr Gasthof »Hinterbrühl«, Hinterbrühl 2 (u. a. Miniaturfloß, Passierscheine) • Gaststätte Campingplatz Thalkirchen, Zentraländstraße 49 (mit Flößer-Info-Fenster)

Ereignisse: Flößerwallfahrt (alle drei Jahre) mittels Floß von Wolfratshausen bis zur Zentralände in Thalkirchen, dann als Prozession zu St. Maria Thalkirchen.

Flößerei ins »Unterland«

Jahrhundertelang prägte die Isarflößerei deutlich erkennbar das äußere Bild und das Leben vieler am Isarfluss liegender Siedlungen, Märkte und Städte. Aber erst mit dem Aufkommen Münchens erlangte die Isarflößerei Bedeutung.

München bestimmt

Für eineinhalb Jahrhunderte etwa, von 1300 an gerechnet, bestimmte München den Gang der Flößerei auf der Isar. Die Stadt hatte sich nachweislich hier schon eine Schlüsselstellung gesichert, wenige Jahrzehnte nachdem es eine Wittelsbachische Hofhaltung bekommen hatte und Residenzstadt geworden war. Erstmals erließ der 1286 in der Überlieferung auftauchende Münchner Rat Gesetze für die Flößerei auf der Isar, die nicht nur die Münchner Flößer in die Pflicht nahmen. In einem Ratsbuch aus der Zeit um 1310 ist die älteste

Brücken- und Flößerheiliger Johannes Nepomuk an der Praterwehrbrücke, gewidmet von den bürgerlichen Floßmeistern Heiß um 1850.

Wappen der Münchner Flößerzunft.

Münchner Flößerordnung, die älteste Ordnung für die Isarflößerei überhaupt, überliefert. Teile dieser ältesten Münchner Flößerordnung von 1310 richteten sich zum Beispiel gegen den preissteigernden Zwischenhandel mit Holz. Ferner wurden alle Personen, die nördlich Münchens ihren Wohnsitz hatten, vom Holzkauf südlich der Stadt ausgeschlossen. Nur die Stadt Landshut wurde von diesem einschneidenden Verbot ausgenommen.

Verboten war die Kalkausfuhr aus München. Ein Flößer, der mit Kalk isarabwärts fuhr, hatte mit einer empfindlichen Geldstrafe zu rechnen. Der außerordentliche Bedarf an Baustoffen um 1300, als München um das Sechsfache seiner ursprünglichen Ausdehnung vergrößert wurde und eine neue Stadtmauer mit neuen Toren erhielt, diktierte dieses Verbot.

Zum gemeinsamen Betrieb der Flößerei durften sich höchstens zwei Münchner Flößer zusammenschließen. Der Einkauf eines Münchner Flößers im Sundergau war auf jeweils »sechs holz« (Flöße), beschränkt. Die gleiche Zahl räumte die Münchner Flößerordnung den Landshuter Floßleuten ein. Im Freisingischen Mittenwald konnte ein Münchner Flößer jeweils nur zwei Flöße kaufen. Er war verpflichtet, auf ihnen das Handelsgut von Münchner und auswärtigen Kaufleuten nach München herabzuflößen. Gebühren und Einkäufe hatten von Mittenwald herabkommende Flößer in Münchner Währung zu zahlen. Später wurden Flößer, die von Tölz herabfuhren, in diese Verpflichtung miteinbezogen. Nur auf Verlangen des versendenden Kaufmanns durften Flößer aus dem Isarwinkel Güter von München isarabwärts führen, aber nicht, wenn Münchner Bürger diese Güter von ihm zu kaufen verlangten.

Münchens Floßmeister-Gewerbe stand gegen Ende des 14. Jahrhunderts mit 17 Genossen auf höchster Stufe, bis 1500 sank die Zahl auf 12, während des Dreißigjährigen Krieges auf sieben Floßmeister. Im 19. Jahrhundert stieg die Zahl wieder auf zehn. In Tölz wurden durchschnittlich 22 Flößermeister gezählt; 1794 waren sogar 24 Floßmeister und zirka 100 geschulte Knechte ansässig. Die älteste Flößerordnung regelte ferner den Frachtlohn für die Weiterfahrt ab München. Für den Transport eines Fasses Wein auf einem einzelnen Floß mussten um 1310 die Münchner 15, andere 18 Pfennige zahlen.

Im Münchner Stadtrecht um 1320 hieß es: Stieß ein fremder Flößer mit seinem Floß an die Münchner Zollbrücke (Isarbrücke), verlor er das Floß an den Zöllner, dem als »Bruckhay« (Brückenwarts oder -meister) der Bauunterhalt der Brücke oblag. Bei Flößen von Münchner Bürgern wurde lediglich die Ausbesserung der Brücke verlangt. In Angleichung an diese Bestimmung regelte dann die

Stadt München die Ansprüche des Bruckhay. Der Schadensersatz war jedoch davon abhängig, dass eine Brücke so hoch sein musste, dass sie ein Mann auf einem Floß mit ausgestreckter Hand nicht berühren konnte (so daz ein Man ste mit gerachkter Hant auf einem Flozz und an die Prugk nicht ruer) und Jochbreite (38 Schuh) hatte.

Souverän konnte der Münchner Rat in dieser ersten Flößerordnung für die Isar die Interessen Münchens zur Geltung bringen und unangefochten, wie es schien, über die Belange von Orten wie Mittenwald, Tölz oder Landshut verfügen. Den Hintergrund bildete der außerordentliche finanzielle Einsatz Münchens für die »Naufahrt«.

Dreitägiges Stapelrecht

Kernstück der Floßordnung bildete das von München anscheinend sehr früh schon beanspruchte dreitägige Stapelrecht für Flöße. Kein fremdes Floß aus dem Sundergau, also dem Oberland, durfte München passieren, ohne anzulanden und drei Tage lang den Münchner Bürgern zum Kauf angeboten zu werden. Erst nach der Stapelfrist konnte das Floß an Fremde verkauft oder weitergeführt werden. Später verlangte man von einem solchen Floß auch noch das Aufstecken eines »Schaubs« (Strohbüschel), damit man gleich sehen konnte, dass es verkäuflich war.

Immer wieder erneuert durch Land- und Ländhüterordnungen, erhielt sich das Stapelrecht mit ausdrücklicher oder stillschweigender Billigung durch die Landesherren über Jahrhunderte hinweg. Es war doch von der Sorge diktiert, die rasch wachsende, volkreiche Residenzstadt hinreichend mit Holz zu versehen. Nur der Münchner Rat oder der amtierende Bürgermeister konnten von der dreitägigen Anländepflicht entbinden. Amtlich aufgehoben wurde das Münchner Stapelrecht nie. Es verlor im Laufe der Zeit seine Bedeutung und endete im 19. Jahrhundert. Schon 1785 klagten dem Rat die Münchner Zünfte der Brauer, Zimmerleute und Branntweinbrenner, es sei ihnen unmöglich, das nötige Holz zu bekommen, weil die Flöße nicht mehr wie früher drei Tage an der Lände hielten.

Notzoll für die »Naufahrt«

Für die »Naufahrt«, die hindernisfreie Fahrrinne im Fluss, tat München nicht nur im Bereich seines Burgfriedens, sondern im gesamten Oberlauf der Isar lange das meiste, was die Stadtkammerrechnungen von 1318 bezeugen. Zur Finanzierung dieser ständigen Arbeiten an der Fahrrinne erhob München an die 100 Jahre einen Notzoll für die Naufahrt von den Kaufleuten.

Durch eine einmalige Zahlung von 30 Pfund Regensburger Pfennig befreite sich Regensburg 1330 für rund 100 Jahre von dem Notzoll und bekundete damit die Bedeutung der Isarflößerei für seinen Handel. Ab 1427 zahlten die Regensburger Kaufleute als Wasserzoll 8 Pfennig vom Fass Wein, dazu 8 Pfennig wegen des Fall- oder Grintlzolls. Denn besonders die Floßrinne bei der Enge von Fall vor Lenggries bildete für München eine schwere finanzielle Dauerbelastung. 59 Pfund, 3 Schilling und

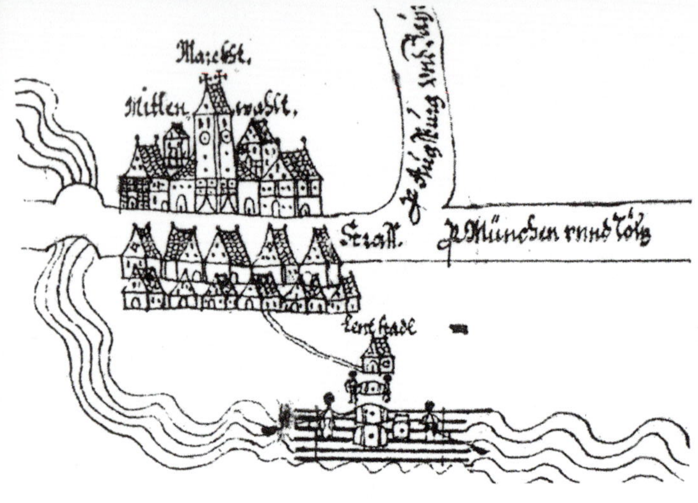

Mittenwalder Zolleinnahmestelle 1631.

27 Pfennig musste die Stadtkammer 1343 allein für dortige Wasserbauten aufbringen.
Um die Naufahrt bei Fall zu verbessern, ging 1404 ein Schreiben von Mittenwald nach München, Peter Steinbrecher sei bereit, für 37 Gulden den »Grintl ob dem Vall« für eine freie Durchfahrt zu bearbeiten. München möge die mit dem Steinbrecher vereinbarte Summe vorstrecken, bis man sie von den Kaufleuten wieder eingebracht habe. 1410 schickte der Rat seinen Brückenmeister, den Maurer Ruedel, und den Müller Walch nach Fall, um die dortigen Arbeiten zu besichtigen. Zwölf Schilling erhielt 1432 ein Mann namens Schöttl von Fall für das Brechen eines Steins in der Isar nahe Vorderriß, der für die Weinflöße gefährlich war. Der Fall- oder Grintlzoll wurde von einem Zöllner am Isartor, Anfang des 15. Jahrhunderts von einem eigenen Zöllner in Mittenwald, also inmitten des Freisinger Hoheitsgebiets, erhoben.

Der finanzielle Einsatz der Münchner Stadtkammer für die Naufahrt im Oberlauf der Isar und mit ihm auch der Fall- oder Grintlzoll endete, als die Zeit des Münchner Stadtrechts als weithin regulierende Norm für die Flößerei auf der Isar im 15. Jahrhundert zu Ende ging. Damit endeten auch lokale und regionale Flößerordnungen und Landgebote sowie Holzordnungen der Landesherren zum Schutz der »erödeten« Wälder traten an seine Stelle.

Recht und Gesetz

Sobald ein Bedürfnis bestand, den Floßverkehr zu regeln, erließen zuerst die beteiligten Städte und Märkte, später dann zunehmend die Landesherren die entsprechenden Bestimmungen. So galt, dass bei Nacht, Nebel oder Hochwasser die Flößerei eingestellt werden musste. Die Organisation des Waren- und Personentransports lag in

den Händen der vom Floßverkehr profitierenden Städte und Märkte. Sie erließen die notwendigen Regelungen, insbesondere die Ordnungen für das Flößerhandwerk.
Erste gesetzgeberische Maßnahmen lassen sich im 14. Jahrhundert nachweisen. Ein wichtiges Hemmnis für die Flößerei auf der Isar beseitigte 1316 König Ludwig der Bayer durch die Aufhebung des Grundruhrrechts auf allen Flüssen seines Landes. Bis dahin gehörten gestrandete Flöße dem Eigentümer des Grund und Bodens, auf dem das Unglück geschah. Nicht kümmerte dies wohl Ritter Torer von Eurasburg, der etliche Flöße abgefangen und in Beschlag genommen hatte. 1428 sandte der Münchner Rat deshalb Boten nach Tölz, Fall und Mittenwald, um alle Kaufleute, die mit ihren Waren auf dem Weg zur Münchner Jakobidult waren, vor ihm zu warnen.

Massive landesherrliche Eingriffe in die Satzungsgewalt der Städte und Märkte und in den genossenschaftlich organisierten Floßverkehr gab es seit Ende des 15. Jahrhunderts, als sich der Landesherr um den Bestand der Wälder im Isarwinkel Sorgen machen musste. Die »Holz- und Kohlordnung im oberen Bayern vor dem Gebirg an der Isar und Loisach« von 1536 brachte (bis 1568) den Verlust der Vorrechte der Floßleutezunft von Tölz und Wolfratshausen, denen es nicht gelungen war, die Versorgung Münchens zu gewährleisten. Diese herzogliche Ordnung für Oberbayern befreite auch bestellte oder verkaufte Flöße von der dreitägigen Stapelpflicht an der Münchner Lände.
Doch der Münchner Rat wies ab 1644 seine Ländhüter in der Ländhüterordnung an, die Kohlen- und Holzbauern, auch die Floßleute aus

Lüftlmalerei am »Neuwirt« Lenggries.

Konkurrenz aus dem Oberland

Die große Zeit von Tölz und Mittenwald, aber auch von Wolfratshausen und Lenggries als Flößerorte begann im 15. Jahrhundert, während München als Flößerort, aber nicht als Floßlände, an Bedeutung verlor. Als im Jahr 1599 die Münchner Flößer bei ihrem Rat über die Konkurrenz der Tölzer Flößer klagten, erhielten sie zur Antwort, man könne niemand »Maß und Ordnung geben« (vorschreiben), wem er Leib und Gut anvertrauen wolle. Nur wenn die fremden Flößer Kundenabwerbung trieben, könnten sie klagen.

Ortspolizeiliche Vorschrift.

Lände-Ordnung.

Der Magistrat Wolfratshausen erläßt auf Grund der Bestimmungen des Art. 98 des P.-St.-G.-B. und Art. 41 der G.-O. nachstehende ortspolizeiliche Vorschrift. (Vorbehaltlich der bereits in den oberpolizeilichen Vorschriften vom 12. Januar 1875 enthaltenen Bestimmungen.)

I. Ländeordnung.

§ 1.

Im Gemeindebezirk bestehen zwei allgemeine Länden, nämlich:
1) die obere Lände oberhalb der Schwimmschule,
2) die untere Lände am sog. Wasen unterhalb der Loisachbrücke.

§ 2.

An anderen als den vorstehenden in § 1 bezeichneten Plätzen — außer in Notfällen — anzuländen, ist verboten.

Es steht jedoch jedem Floßeigentümer frei, an jedem der oben angeführten Ländeplätze zu landen; nur durchgehende Flöße haben an der unteren Lände anzuländen und dieses sofort dem Ländehüter anzuzeigen.

§ 3.

Das Länden an den vorgenannten Uferstellen darf nur mittels vorhandener Haftpfähle erfolgen und ist die Anwendung des Reitsteckens unbedingt verboten.

§ 4.

Es ist unstatthaft, die Ländeplätze zu anderen Zwecken, z. B. Baden, Schwemmen von Tieren, Ableeren oder Ausgießen von Unrat, Schmutz u. dergl. zu benützen.

II. Ländeaufsicht.

§ 5.

Zur Aufsicht und Ueberwachung der Ländeplätze, sowie zur Handhabung der Ländeordnung ist ein magistratischer Kommissär aufgestellt, welchen ein verpflichteter Ländehüter beigegeben ist.

§ 6.

Das Dienstverhältnis des verpflichteten Ländehüters richtet sich nach der hiefür erlassenen Instruktion.

§ 7.

Der Ländehüter hat darüber besonders zu wachen, daß alle Flöße mindestens mit einem guten hanfenen Seile und mit einer Standarte, wie sie § 13 der oberpolizeilichen Vorschriften vom 12. Januar 1875 vorschreibt, mit dem Namen des Eigentümers versehen, dann mit des Fahrens wohlkundigen Floßleuten bemannt sein.

Im Uebrigen sind durch die Gemeindemarkung Wolfratsratshausen für die Floßfahrt auch noch die oberpolizeilichen Vorschriften vom 12. Januar 1875 (Kreisamtsbl. S. 83) die Trift- und Floßfahrt auf der Isar und Loisach betr., maßgebend und genau zu beachten.

§ 8.

Die hiesigen Floßmeister und Ausrichter haben über alle hier ankommenden und abgehenden Flöße genaue Verzeichnisse zu führen und dem magistratischen Aufsichtspersonale behufs Controle jederzeit hierin unweigerlich Einsicht zu gestatten.

III. Gebühren.

§ 9.

Als Ländegebühren für das Anländen der Flöße sind an die Kommunalkassa zu bezahlen und zwar für einen Floß

a) unter 14 Meter (40 Fuß)	— M	35	₰
b) von 14—17 Meter (50er und 60er)	— „	70	„
c) über 17 Meter (70er und 80er)	1 „	—	„
d) Waldschragen (Neumodefuhrwerk)	1 „	—	„

Als Hängegebühr ist, falls der Floß oder die darauf befindliche Ware auf einer der beiden Länden ausgeladen wird, noch weiters die Hälfte obiger Gebühr zu entrichten.

§ 10.

Für Benützung der magistratischen Holzlagerplätze werden von der Kommunalkassa nachstehende Lagergebühren erhoben:

a) für jeden Floßbaum in den ersten 8 Tagen	3 ₰
b) für jedes Brett, Laden, Riegel, Reimlinge u. dergl. in den ersten 8 Tagen	1 „
c) 25 St. Zaun- und 50 St. Hopfenstangen sind einem Floßbaum gleich zu achten.	

Bleiben die eingelagerten Gegenstände länger als 8 Tage liegen, so werden obige Gebühren für jede Woche weiter erhoben.

IV. Schlußbestimmungen.

§ 11.

Für Diebstahl, Brand oder andere Gefahren auf den Ländeplätzen haftet weder die Kommune noch auch der Ländehüter, sondern es bleibt jedem Eigentümer die Sicherung seiner Ware selbst überlassen.

§ 12.

Die Uebertretungen vorstehender Vorschriften sind gemäß Art. 98 d. P.-St.-G.-B. mit Geldstrafe bis zu 45 M, die Gefährtung der in den §§ 9 und 10 festgesetzten Gefälle mit solcher bis zu 18 M, deren rechtswidrige Entziehung und Verkürzung, sofern dieselbe den Betrag von 4 M 50 ₰ nicht übersteigt, mit Geldstrafe bis zu 45 M, bei höheren Beträgen mit einer solchen bis zum zehnfachen Betrage des entzogenen Gefälles strafbar.

Am 4. März 1889.

Magistrat Wolfratshausen.

Bürgermeister:

(L. S.) Grünwald.

Brücklmair.

Vorstehende durch Entschließung der Kgl. Regierung von Oberbayern unterm 17. April l. Js. vollziehbar erklärte ortspolizeiliche Vorschrift wurde durch Verkünden und Einrücken im Wolfratshauser Wochenblatt bekannt gegeben.

Wolfratshausen, 4. Juni 1889.

Magistrat Wolfratshausen.

Bürgermeister:

(L. S.) Grünwald.

A. Schwankl'sche Buchdruckerei in Wolfratshausen.

Ländeordnung von Wolfratshausen vom 4. Juni 1889.

Tölz, Wolfratshausen und anderen Orten, mit ihren mit Holz, Holzkohlen und Brettern beladenen Flößen ohne dreitägiges Anlanden auch dann nicht durchfahren zu lassen, wenn sie vorgaben, die Flöße seien bestellt oder verkauft und für Freising, Erding, Moosburg oder Landshut bestimmt.

Seit 1596 konnte in München keiner Floßmeister werden, der nicht zuvor vier bis fünf Jahre auf der Isar gefahren war und einige Fahrten als Ferg, Floßführer, und als Steuerer nach Linz, Krems und Wien gemacht hatte. Übrigens: Das zunftmäßig organisierte Flößerhandwerk war in allen Isarorten immer darauf bedacht, »unzünftige« von der Flößerei auszuschließen, was allerdings nur zum Teil gelang.

Das 19. Jahrhundert brachte dann übergreifende und allgemeingültige Regelungen zur Floßfahrt im Zuständigkeitsbereich der Sicherheits- und Ordnungspolizei, als wegen der Bautätigkeit in München ein gewaltiger Anstieg des Floßverkehrs verzeichnet werden konnte. In einer Floßordnung von 1821 wurde der Güter- und Personenverkehr auf der Isar von Mittenwald nach München neu geregelt. §1 dieser Ordnung hob die bisherige Floßmeisterzunft auf. An ihre Stelle »tritt eine neue Gesellschaft von Floßmeistern, als eine zur Sicherung der Floßfahrt notwendige Polizeianstalt«. Die Floßmeister wurden von der Lokalpolizeibehörde aufgenommen. Sie waren zum Transport der Kaufmannsgüter und zur »Unterhaltung des Wochenfloßes nach München berechtigt und verpflichtet.« Lediglich die Produkte der Umgebung wie Gips, Kalk und Kohle durften frei transportiert werden.

Die Enge bei Fall, um 1900.

Die Floßordnung bestimmte Reisezeit, Fuhrlohn, Frachtgebühren und die Art des Transports. Eingehend wurde die Haftung der Flößer für verschuldete Unfälle geregelt. Zur Sicherung eventueller Ansprüche musste jeder Flößer ein Bürgschaftskapital von 150 fl. leisten. Bei leichtem Verschulden haftete der Floßmeister zusätzlich noch bis 400 fl., bei grober Fahrlässigkeit mit seinem ganzen Vermögen.

Zur Flößerei gehörte das Recht der Leinpfade (längs des Flussufers laufender Pfad zum Ziehen der Flöße flussaufwärts). Die Rechtslage galt für die Isar seit Jahrhunderten.

Herzoglicher Wasserzoll war nach den Einnahmebüchern erst bei Wolfratshausen, ab 1497 an der Grünwalder Lände zu zahlen. Im Jahr 1496 passierten Wolfratshausen 3639 Flöße, 1497 in Grünwald entrichteten 3312 Flöße diesen Zoll.

1764 wurde die Einnahmestelle für den herzoglichen Wasserzoll von Grünwald nach München verlegt.

Wegen der gefährlichen Enge bei Fall musste ein Floß, das mit zwei Fässern Wein beladen war, bis Fall neben dem Floßführer und dem Steuerer einen Drittfergen haben. Auf einem Floß mit vier Fässern mussten sogar zwei Drittfergen – einer bis Fall, der andere bis München – mitfahren. 16 bis 18 Stück Trockengut mussten ebenfalls zwei Drittfergen, einen bis Fall, den zweiten bis München, haben. Die Isar gilt heute nicht mehr als schiffbares Gewässer im Sinne des Wassergesetzes von 1962. Daher bedarf die Schiff- bzw. Floßfahrt auf der Isar der öffentlich-rechtlichen Genehmigung.

Rigorose Strafen

Die Bedeutung, die der Münchner Rat der Isarflößerei von Anfang an beimaß, zeigen auch die zum Teil rigorosen Strafen für Verletzungen der Flößerordnung. Einige Beispiele: Ein Flößer, der einem Münchner Bürger auf dem Transport ein Weinfass zerbrach oder anderes Kaufmannsgut in der Isar versenkte, kam in die Stadtacht, erhielt Stadtverbot, bis er die »Huld« des Geschädigten wiedererlangte. Wagte er sich vorher in die Stadt und wieder aufs Wasser, musste er eine für die Zeit um 1300 extrem hohe Strafe, nämlich zehn Pfund (ein Pfund = 240 Pfennig), an die Stadt und ein Pfund an den Stadtrichter zahlen. Fehlte ihm das Geld, schlug man ihm eine Hand ab.

Für einen einmaligen Verstoß gegen die Flößerordnung wurde einem Flößer die Flößerei für einen Monat verboten. Verstieß er dreimal dagegen, wurde ihm die Stadt und das Wasser, die Flößerei zwischen Mittenwald und Freising – später soweit die Isar reichte –, untersagt. Das galt bis es ihm die Bürger, die mehrmals im Jahr in der gesetzlich vorgeschriebenen Bürgerversammlung zur Regelung von gewerbepolizeilichen Angelegenheiten zusammenkamen, wieder erlaubten.

Trank ein Ferge, ein Flößer, gegen den Willen des Kaufmanns, der ihm das Weinfass zum Transport anvertraut hatte, aus diesem, musste er 60 Pfennig Strafe an die Stadt und an den Stadtrichter zahlen. Hatte er das Geld nicht, verlor er eine Hand, später ein Ohr.

Die Nasse- oder Wasser-Rott

Im 15. Jahrhundert bildete sich die »Nasse- oder Wasser-Rott«, eine zunftmäßige Vereinigung in Mittenwald mit der Verpflichtung, die ankommenden Güter zu verfrachten. Sie erhielt 1436 eine eigene Ordnung und sicherte sich das Transportmonopol ab Mittenwald. Die Landesherren, denen an einem leistungsfähigen Transportgewerbe wegen der Zölle und Steuern gelegen war, begünstigten solche Transportmonopole durch entsprechende Bestätigungen oder regten gar ihre Gründung an.

Größe, Art und Ausrüstung der Flöße

Über die Zahl der für ein Floß zu verwendenden Bäume gab es erst keine Vorschrift. Aber von 1300 bis etwa 1450 setzte München das Maß der Floßbreite fest: Jedes Floß sollte 16 altbayerische Schuh (1 Schuh 0,29 Meter = rund 4,80 Meter) in der »Spange« messen, also die das Floß der Breite nach zusammenhielt, unabhängig von der Zahl und der Länge der Stämme. Dazu ließ der Rat eine entsprechende Eisenstange machen, die an jeden ausgeliehen werden sollte. Die Breite der Brücken und Brückenjoche sowie die »Naufahrt«, die hindernisfreie Fahrrinne im Fluss, bestimmten dieses Maß. Landshut hat sich 1405 von München auch diese Floßstange erbeten. Um zu verhindern, dass zu viele »unzeitige«, zu junge und zu kleine Bäume gefällt wurden, begrenzte Herzog Albrecht IV. die Zahl der Stämme für ein Floß und schrieb eine Mindestlänge für sie vor.

Die herzogliche Holz- und Kohlenordnung von 1536 übernahm diese Normen und erweiterte sie. Ein Tragfloß aus Fichtenstämmen durfte aus höchstens 20 Bäumen von einer Mindestlänge von 38 Schuh (rund 11 Metern), ein Schnittfloß aus höchstens zwölf Bäumen von einer Mindestlänge von 30 Schuh, ein Buchenfloß aus höchstens 20 Bäumen von einer Mindestlänge von ebenfalls 30 Schuh bestehen.

Der Zahl der Stämme nach spricht die Stadtkammerrechnung im 16. Jahrhundert von Achter-, Elfer-, Zwölfer- oder Sechzehner-Flößen, später wurden die Flöße nach ihrer Länge in Schuh als Vierziger (bis 13 Meter Länge), Fünfziger, Sechziger, Siebziger (bis 22 Meter) und Achtziger (bis 25 Meter) bezeichnet. »Waldschragen« (auch »Neumodefuhrwerke«) bestanden aus drei bis fünf Stämmen und einer Querstange in der Mitte zum Transport von Brettern, die darauf dachziegelförmig übereinandergeschichtet waren.

»Gestrickte«, durch Stricke hintereinander gebundene Flöße, kennt schon das Münchner Stadtrecht des 14. Jahrhunderts. Man hat sieben, neun, zwölf und mehr Gestricke, sechs bis sieben Stämme breit, hintereinander gebunden. Aber wegen der »importantesten« Beschädigungen durch Flöße an den leicht gebauten Holzbrücken und Wasserbauten

Gestrickte Flöße um 1600.

ging 1787 ein kurfürstliches Schreiben an den Münchner Rat wegen der Münchner Floßmeister, weil sie mit »längst verbotenen« gestrickten Flößen auf der Isar fuhren. Sämtliche kurfürstlichen Mautämter an der Isar wurden angewiesen, von nun an jeden Floßmeister, der mit dem verbotenen Floßgestrick auf der Isar fuhr, anzuhalten und mit 10 Gulden zu strafen. Auch die Floßordnungen von den Jahren 1820 und 1843 verboten das »Stricken« von Flößen auf der Isar bis hinter Plattling; 1849 war das Stricken von 50er und 60er Flößen wieder ab Bogenhausen erlaubt, doch durften dann keine Fahrgäste mitgenommen werden und die Floßbreite durfte an keinem Ende 22 Fuß überschreiten.
Das alte Münchner Breitenmaß galt also nicht mehr. Die ortspolizeilichen Vorschriften von 1874 über die Trift und Floßfahrt auf Isar und Loisach gestatteten für Isarflöße eine Breite bis 6,40 Metern, für Loisachflöße von Garmisch ab bis 5,50 Metern. Die Floßlänge betrug 12 bis 23 Meter, unterhalb Moosburgs bis 36 Meter. Vom Eintritt der Isar in den Regierungsbezirk Niederbayern an durften auch längere Flöße bis zu einer Gesamtlänge von 37,90 Metern hintereinander gebunden werden.

Zum Fortschieben des Floßes dienten lange Stangen, zum Steuern längere, zum Stammende hin blattförmig bearbeitete Stämme (Patschen), die auf der hölzernen Rudersäule am Vorder- wie am Hinterteil des Floßes mit Wieden (gedrehte Weidenruten) befestigt sind. Im Lagerhafen (Lände) wurde das Floß mittels Seilen an den sogenannten Schrickpfählen angehängt.

Das Leiten der Flöße, die bis München 60 bis 70 Zentner, von dort isarabwärts bis zu 150 Zentner Last trugen, war nicht ungefährlich, weshalb schon in früheren Zeiten Gesetze vorschrieben, dass kein Flößer im ersten Jahr seiner Fahrt Personen mitnehmen durfte, und dass nach Ablauf des Lehrjahres die Innung zu entscheiden habe, ob er ein tüchtiger »Ferge« sei. Jedes Floß musste mit einem vom Land aus leicht erkennbaren Zeichen (Standarte oder Schild) versehen sein, worauf Name und Herkunft des Flößers deutlich aufgeschrieben war.

Flöße(r) im Kriegsdienst

In Kriegszeiten bildete die Isar von München aus einen wichtigen Transportweg. In den Türkenkriegen schwamm ein bedeutender Teil des Nachschubs für das bayerische Heer, wie Feldschlangen, Geschütze, auf Flößen hinunter bis Preßburg. In solchen Zeiten fuhren auch Kurfürsten wie Maximilian I. und Max Emanuel, der Eroberer Belgrads (1688), auf Flößen. 1529, bei der ersten Belagerung Wiens durch die Türken unter Sultan Soliman II. flößte man von München aus eine kleine Hilfsmannschaft die Donau hinunter. Am 9. April 1684 befahl die kurfürstliche Hofkammer dem Pfleger von Wolfratshausen, zehn Floßmeister und 20 Floßknechte nach München zu senden, um Artillerie und Munition für die Ausrüstung der kurbayerischen Truppen auf der Isar und Donau nach Wien zu befördern. Auch Lenggrieser Floßmeister wurden abkommandiert. Ende August trafen sechs Regimenter Fußvolk und 40 Schwadronen Kavallerie in Wien

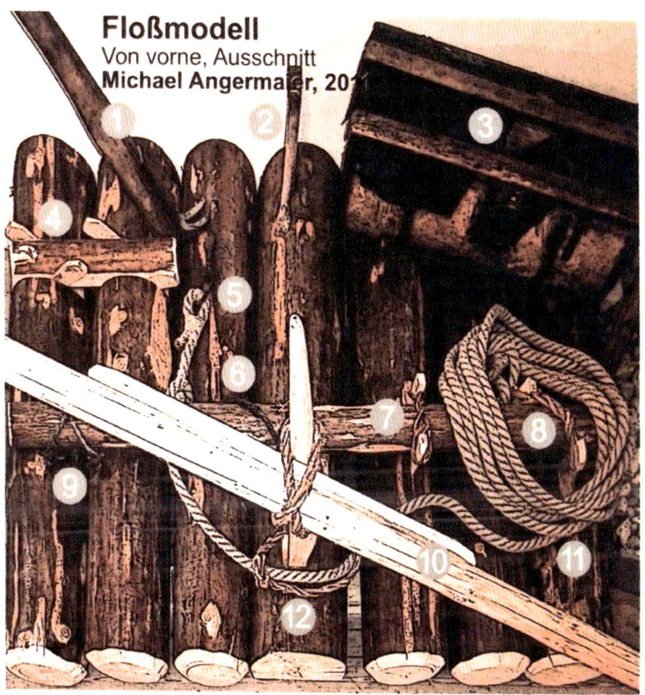

1 *Schnallenzieher* zum Herausziehen der Eisenkeile
2 *Floßhack*, die Axt des Flößers
3 Flößertruhe, gerundet, damit Wasser abläuft
4 Querverbindung *Spange*, besäumt und gekeilt (*g'scharbt*)
5 Haken des Ländseils
6 Einfacher Drahtbund, *schwäbisch* (in Fahrtrichtung westlich)
7 Gerader Wiedenbund, befestigt Stämme einzeln
8 Schräger Wiedenbund, befestigt Stämme auch miteinander
9 Doppelter Drahtbund, kreuzförmig (*Kreuzbund*)
10 Ruderstange mit Brett, Ruderblatt außerhalb der Abb.
11 Ländseil zum Auswerfen ans Ufer
12 Rudersäule mit Wiedenschlaufe in dickem Stamm-Ende

Ausrüstung eines Isarfloßes; Beschreibung des Arzbacher Floßmeisters Michael Angermeier.

ein und fuhren auf kaiserlichen Schiffen weiter in Richtung »Ofen« (deutsch; ungarisch: »Buda«, später: Ortsteil von Budapest).
1717 erhielt der im Feld gegen die Türken stehende bayerische Kurprinz Karl Albrecht auf 16 Flößen Nachschub für seine »Hofküche«, darunter 20 gute Gebirgskälber. 1796 flüchtete der Galerieinspektor Georg Dillis auf zehn Flößen mit Bildern und anderen Kunstschätzen der Residenz vor der französischen Revolutionsarmee nach Linz. Im Türkenkrieg des Jahres 1738 verbrachten Isarflöße die Zelte für das Dragonerregiment »Hohenzollern« zum Kriegsschauplatz.

Ordinari-Flößerei

Durch die Zunftordnung von 1581 war den Münchener Floßleuten gestattet, außer den seit alter Zeit herkömmlichen regelmäßigen Floßfahrten nach Freising, Moosburg und Landshut auf drei Flößen noch ein viertes Floß am Himmelfahrtstag für die vom heiligen Berg kommenden Wallfahrer zu stellen. Der Gewinn für diese regelmäßigen Fahrten kam allen Floßmeistern gemeinschaftlich zu. Seit 14. Februar 1614 wurde diese Gemeinschaftsfloßfahrt nach Passau und ab 21. Juni 1623 bis nach Wien ausgedehnt. Seitdem bestand eine regelmäßige wöchentliche Fahrt von München, Freising, Moosburg, Landshut, Dingolfing, Landau und Plattling nach Wien, im Volksmund »Ordinari« (nach Fahrplan fahren) genannt, die unter normalen Verhältnissen sechs bis sieben Tage brauchte. Diese Ordinariflöße waren mit einer beheizbaren Bretterhütte nebst Küche ausgestattet.
Auch den 24 Floßmeistern in Tölz wurde durch Erlass des Kurfürsten Maximilian I. vom 23. März 1649

Ordinarifloß von München nach Wien, Stahlstich 1865.

eine Ordinarifahrt von Tölz nach München »leibgedingweis« überlassen gegen die Verpflichtung, jeden Montag und Freitag früh 7 Uhr gegen billige Taxe Personen und Güter nach München zu befördern. Die Münchener Ordinari gingen während des ganzen 18. Jahrhunderts sogar zweimal wöchentlich öfters mit mehrfach gestrickten Flößen nach Wien, ja Kurfürst Max Emanuel erlaubte 1717 den Floßmeistern Münchens, monatlich 16 Fahrten nach Wien zu bringen, wobei die sogenannten Hof- oder Soldatenflöße gar nicht eingerechnet waren. Als ein regelmäßiges Transportmittel im Sinne der heutigen Post- und Stellwagen oder Bahnzüge wurden die Ordinariflöße für Personen- und Güterfracht sehr stark benutzt. Die Floßmeister veröffentlichten die Abfahrtszeiten und die feststehenden Tarife der Ordinari in den Kalendern (heute Kursbücher). Die Abfahrt nach Wien geschah in München jeden Montag, im Sommer um 13 Uhr, im Frühling und Herbst um 12 Uhr, im Winter (falls gefahren werden konnte) um 11 Uhr.

Außer diesen Ordinariflößen ging von Georgi bis Michaeli (April bis Oktober) jeden Donnerstag früh um 6.30 Uhr das sogenannte Wochenfloß nach Plattling. Genügten weder die Ordinari noch die Wochenflöße, so konnten für Personen wie für Güter jederzeit weitere Flöße bestellt werden. Diese außergewöhnlichen Fuhren, deren Taxen überdies der freien Übereinkunft zwischen Besteller und Floßmeister unterlagen, waren nach dem Statut der Floßmeister stets von einem »Mitmeister«, den die Reihe zunächst traf, um billigen Lohn zu begleiten.

Die festen Taxen der Ordinarifahrten waren im Verhältnis ausnehmend niedrig. Nach dem Schreibkalender von Hübschmann aus dem Jahr 1804 bezahlte eine Person von München bis Freising 12 kr, Landshut 24 kr, Landau 42 kr, Plattling 50 kr, Vilshofen 1 fl. 12 kr, Passau 1 fl., 24 kr, Linz 2 fl., Krems 2 fl. 45 kr und Wien 3 fl. Bei Benützung der beheizten Hütte war doppelter Fahrpreis zu entrichten.

Für Koffer oder großes Gepäck war die einfache Personentaxe zu zahlen, kleines Reisegepäck, Kinder unter drei Jahren und wirklich Arme, zum Beispiel Handwerksburschen, waren frei. Der Zentner Kaufmannsgüter und andere Waren kostete die einfache Personentaxe, also bis Wien 3 fl. Die Rückreise der Flößer von Wien usw. erfolgte früher mittels sogenannter Zeiselwägen, später brachte das Dampfross Heimkehrer im Fluge und um billiges Geld wieder in ihre Heimat.

Wegen der Sicherheit und Raschheit vertrauten sich manchmal auch hohe auswärtige Persönlichkeiten den schwankenden Fahrzeugen der Flößer an. So ist überliefert, dass der griechische Kaiser Johannes II. Paläologus 1424 den Landweg durch Tirol wählte und auf fünf Flößen die Isar abwärts, schließlich auf der Donau zu Kaiser Sigismund nach Ungarn fuhr. Aus dem frühen 17. Jahrhundert wird mitgeteilt, dass italienische und spanische Gesandte nach München an den herzoglichen Hof über Tölz gekommen sind, und vermutlich haben sie ihre Reise von Mittenwald her auf dem Fluss zurückgelegt; wie 1635 auch Kurfürst Maximilian I., der mit seinem Gefolge

Die Abfahrt

der

Bürger und Floßmeister von München

nach Wien

geschieht im Jahre 1853 in nachstehender Ordnung:

Den 19. April Xaver Heiß, wohnt in der St. Anna-Vorstadt, Fabrikstraße Nr. 7, nach Wien.
Den 26. April Thadäus Schmidhamer, wohnt äußere Isarstraße Nr. 3, nach Wien.
Den 3. Mai Jos. Thadäus Heiß, wohnt in der St. Anna-Vorstadt, Fabrikstraße Nr. 8, nach Wien.
Den 10. Mai Johann Heiß, wohnt in der St. Anna-Vorstadt, Floßstraße Nr. 3, nach Wien.
Den 17. Mai Xaver Heiß, nach Passau.
" 24. " detto " Wien.
" 31. " Thadäus Schmidhamer, " Passau.
" 7. Juni detto " Wien.
" 14. " Jos. Thadäus Heiß, " Passau.
" 21. " detto " Wien.
" 28. " Johann Heiß, " Passau.
" 5. Juli detto " Wien.
" 12. " Xaver Heiß, " Passau.

Den 19. Juli Xaver Heiß, nach Wien.
" 26. " Thadäus Schmidhamer, " Passau.
" 2. August detto " Wien.
" 9. " Jos. Thadäus Heiß, " Passau.
" 16. " detto " Wien.
" 23. " Johann Heiß, " Passau.
" 30. " detto " Wien.
" 6. September Xaver Heiß, " Passau.
" 13. " detto " Wien.
" 20. " Thadäus Schmidhamer, " Passau.
" 27. " detto " Wien.
" 4. Oktober Jos. Thadäus Heiß, " Passau.
" 11. " detto " Wien.
" 18. " Johann Heiß, " Passau.
" 25. " detto " Wien.
" 1. November Xaver Heiß, " Passau.
" 8. " detto " Wien.

Die Ordinari-Flöße fahren alle Dienstag von hier nach Landshut, Passau, Linz und Wien ab; im Frühjahr und Herbst um 6 Uhr, im Sommer um 5 Uhr Morgens. Sollte jedoch ein Quantum von 200 Zentnern zur Ladung kommen, so wird direkte von hier nach Wien gefahren.

Ordinari-Fahrplan von München nach Wien aus dem Jahr 1853.

zur Hochzeit nach Wien mit der Tochter Ferdinands II. Maria Anna den Wasserweg benutzte. Ebenso reiste der von den Tirolern 1703 aus dem Lande gedrängte Max Emanuel auf der Isar zurück nach München. Ein weiteres Beispiel ist der Fürstbischof von Speyer, der laut Pass nach der Großen Französischen Revolution vor den Franzosen mitsamt seiner Habe auf dem Floß flüchtete. Nähere Angaben über den Fluchtweg sind dem Dokument nicht zu entnehmen. Ein uralter, lustiger Brauch bestand in der »Taufe« eines Neulings, das heißt eines die Fahrt nach Wien erstmalig machenden Passagiers, indem dem Täufling unter dem Sprudel bei Krain ein Topf Wasser unter allerlei Sprüchen über den Kopf gegossen wurde. Die 1860 eröffnete Bahnstrecke München-Salzburg-Wien brachte der Ordinari-Flößerei schließlich nach und nach das Ende.

Übrigens: Seit 2020 sind die heutigen Passagierfloßfahrten an Isar und Loisach – als Fortführung der Ordinari-Fahrten – im bayerischen Landesverzeichnis der UNESCO-Kommission.

Isarzillen und Plätten

Oberhalb Münchens war die Isar nur für Flöße schiffbar. Erst im Stadtbereich und ab München lassen sich früh schon Schiffe, Zillen oder Plätten neben Flößen nachweisen. Die Isarzillen, wenig größer als Fischerkähne, und die etwas größeren Plätten dienten zum Transport einzelner Personen und geringer Frachten. Harte Strafen galten im Münchner Stadtrecht von 1340 an alle, die ihre Flöße und Schiffe aus Gewinnsucht oder besonderem Entgegenkommen überluden. Der Transport auf Zillen war zeitweise das Vorrecht der Fischer: Unter Hinweis auf sie wurden im Jahr 1640 die Münchner Flößer mit ihrem Begehren, Personen auch auf Zillen und Plätten nach Wien führen zu dürfen, vom Rat abgewiesen. Sie hatten sich verpflichtet, Kuriere des Hofs und andere Leute nach Wien zu bringen. Doch wenig später wurde den Flößern auf Ersuchen und Widerruf der Personentransport auf Plätten nach Wien doch noch gestattet. Zur Sicherheit für Personen und Güter sollten aber erfahrene Floßmeister die Plätten führen.

Ob man von München mit Schiffen isaraufwärts bis Tölz fahren und von dort Tuffsteine herab transportieren könnte, das ließ die Stadtkammer 1430 einen Schiffer aus Laufen an der Salzach prüfen. »Das mochte nicht gesein«, das war nicht möglich, lautete der lapidare Vermerk des Stadtschreibers darüber in der Kammerrechnung.

Zillen dienten früher zum Transport – heute nutzt man sie zum Vergnügen.

Landkreis München

Der Landkreis München ist mit rund 340 000 Einwohnern der einwohnerstärkste Landkreis in Bayern. Er umschließt im Norden, Osten und Süden die Stadt München. Die größte Kommune ist Unterschleißheim. Verwaltungssitz ist die Landeshauptstadt München, welche selbst kreisfrei und daher nicht Teil des Landkreises ist.
Unter den vielen Freizeit- und Erholungsangeboten seien diese Badegewässer genannt: Heimstettener See in Kirchheim, Garchinger See in Garching, Feringasee und Poschinger Weiher in Unterföhring, Unterschleißheimer See in Unterschleißheim, Taxetweiher in Ismaning. Außerdem wird hier viel für die Sportlandschaft getan, denn sowohl der Leistungs- als auch der Breitensport haben hier eine Heimat. Der »Ring der Regionen« ist eine Radwanderroute rund um die Stadt München, ferner gibt es den Panoramaweg Isar-Inn oder

Blick von Oberföhring auf München, Gemälde von Ernst Kaiser, 1839.

die WasserRadlWege Oberbayern. Eine Karte enthält alle Radwegverbindungen innerhalb des Landkreises München, sie reicht sogar weit in Nachbar-Landkreise hinein. Erhältlich ist sie gegen eine Gebühr im Landratsamt München, in den Rathäusern der Städte und Gemeinden des Landkreises.

Föhring

Das Gebiet um Föhring, wozu später die Dörfer Ober- und Unterföhring gehörten, war verlockend für Jäger und Sammler in der Jungsteinzeit (um 3000 v. Chr.) mit seinen wildreichen Mischwäldern, der fischreichen, wie auch verkehrsgünstig gelegenen Isar und dem fruchtbaren Lößlehmboden. Sie wurden sesshaft und rodeten die Wälder. Zahlreiche Funde, ausgestellt im Unterföhringer Heimatmuseum, zeugen davon. Auch die Römer hinterließen ihre Spuren. Die wichtigste: Es ist anzunehmen, dass es bei St. Emmeram schon eine Brücke gab, weil hier eine Floßlände bestand.
Eine Brücke, die »Leinthaler Brücke«, erhielt (Unter-) Föhring erst wieder 1903, im Zuge der Isarregulierung. Vorher gab es nur eine Fähre zwischen Unterföhring und Freimann. Später wurde die Römerstraße nach dem am meisten transportierten Gut, »Salzstraße« genannt. Von 1319 bis zur Säkularisierung im Jahre 1803 gehörten Ober- und Unterföhring zur reichsunmittelbaren Grafschaft Ismaning im Hochstift Freising. Nach Ismaning wurde ab dem 16. Jahrhundert die Gerichtsbarkeit verlegt.

Der heilige Emmeram

Der Oberföhringer Ortsteil St. Emmeram verdankt seinen Namen dem heiligen Emmeram. Er gehört zu den großen Bischöfen, die im 7. Jahrhundert nach Bayern kamen, um die Kirche im fränkischen Sinn zu reformieren. Auf einer Reise vom Hof des Bayernherzogs Thodo I. in Regensburg nach Rom erlitt er, vermutlich im Jahr 652, in Kleinhelfendorf, den Martertod. Nach einer vorläufigen Bestattung in Aschheim wurde der Tote über die alte Salzstraße nach Föhring gebracht, dort auf ein Floß gebettet und nach Regensburg

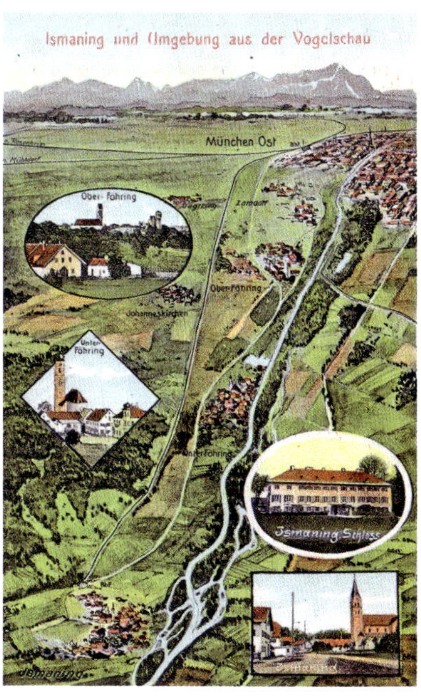

Ansichtskarte mit Lokalbahn, 1913.

Blick über die Isar auf Oberföhring. Gemälde von Ludwig Meixner, o. J.

überführt. Arbeo, von 764 bis 783 Bischof von Freising, hat in seiner von der Legende durchwobenen Lebensbeschreibung des hl. Emmeram über diese Floßfahrt berichtet. Der Ort der Floßlände trägt seitdem den Namen des Heiligen: St. Emmeram. Ab 884 entwickelte sich hier mit der Errichtung einer Kapelle zu seinem Gedenken eine bedeutsame Wallfahrtsstätte sowie in ihrem Windschatten eine Eremitenschule, die erst mit der Säkularisation 1804 aufgehoben wurde. Auch die Kapelle wurde dabei zerstört.

Oberföhring

Oberföhring ist gut 400 Jahre älter als die Großstadt München, zu der es seit 1913 gehört, denn es wird in einer Urkunde vom 3. Juli 750 erstmals die Sippe der Feringas oder Feringer (Föhringer) erwähnt und 807 sogar offiziell als Gerichtsort Feringa bezeichnet. Und mit seinem florierenden Salzhandel – es lag am »Salzsenderweg« von Reichenhall und Salzburg nach Augsburg und hatte das Recht der »Salzniederlage« – wäre der Markt im Herrschaftsbereich des Freisinger Bischofs (bis 1803) im Mittelalter vielleicht selbst zu einer bedeutenden Stadt aufgestiegen. Aber der Welfenherzog Heinrich der Löwe hatte 1158 die Salzstraße nach Süden auf sein eigenes Terrain verlegt und damit das unbedeutende Munichen aufgewertet. Er hatte erkannt, dass der Salzhandel eine ausgezeichnete wirtschaftliche Grundlage war.

Im Jahr 1305 zählt man zum bischöflichen »Amt Föhring« die Dörfer Ober- und Unterföhring, Ismaning, Englschalking, Daglfing, Freimann, Bogenhausen, Truderring, Hohenbrunn, Unterhaching und Besitzungen am Starnberger See. Im 18. Jahrhundert wurde der Lehm, Grundstoff für Ziegel, der sich in der Umgebung befand, Grundstock für die wachsende Stadt München. Bereits 1753 gab

es am Rande des zu Oberföhring gehörenden Prielwaldes einen kurfürstlichen Ziegelstadel. Bauern wurden zu »Loambaronen«. Mitte der 1960er-Jahre stellte die letzte Ziegelei in Oberföhring ihren Betrieb ein.
Ab 1818 bildete es zusammen mit dem Ortsteil St. Emmeram eine eigenständige politische Gemeinde, wurde aber 1913 nach München eingemeindet. Das Schwesterdorf Unterföhring blieb selbstständig.

Stauwehr Oberföhring und Mittlerer-Isar-Kanal

Kurz bevor die Isar die Stadt München verlässt, gerät ein massiver Riegel in den Blick: das Stauwehr Oberföhring, ein Ziegelbau, der mit vier Bögen 78,5 Meter des Flusses überspannt. Auf dem neuen Stauwehr konnten die Oberföhringer nun endlich wieder problemlos die Isar überqueren. Bis ins 19. Jahrhundert konnten die Föhringer das hier einst etwa 100 Meter breite Flussbett der Isar bei niedrigem Wasserstand nur watend durchqueren, oder sie mussten die Fähren zwischen Unterföhring und Freimann nutzen.
Unterhalb des Wehres ist ein kleines, weitgehend unterirdisch errichtetes Wasserkraftwerk in Betrieb. Das Stauwehr selbst dient jedoch nicht der Stromgewinnung, sondern ist eine Flussweiche: Es staut den Fluss bis auf eine Tiefe von etwa sechs Metern auf; ein Großteil des Wassers wird gleichmäßig in Richtung Osten in den Mittlere-Isar-Kanal abgeleitet.

☺ TIPPS ZU OBERFÖHRING

Sehenswert: Pfarrkirche St. Lorenz mit Friedhof (viele Berühmtheiten), Muspillistraße 14 • Pumpen- und Floßwärterhäuschen, St. Emmeram 39 • Kapelle St. Emmeram, St. Emmeram 40 • Ziegelei August Haid, An der Salzbrücke 39 • Bürgerpark, Oberföhringer Straße 156 • Sammlung Ingvild Goetz, Museum für zeitgenössische Kunst, Oberföhringer Straße 103
Gastronomie: »St. Emmeramsmühle« (Biergarten!), St. Emmeram 41

Stauwehr Oberföhring.

Unterföhring

Unterföhring wurde 1180 erstmals als selbstständiger Ort in einer Urkunde des Hochstifts Freising als »inferius feringin« erwähnt. Vorher waren beide Dörfer gemeinsam Föhring, auf dem Streifen zwischen Isar und heutiger Münchner Straße gelegen, genannt worden. Die Isar war hier seit 1319 Grenzfluss zwischen Bayern und Freising, ihre Mitte war die Grenze. Oft gab es Streit, wenn es der Isar gefiel, zwei schiff- (flöß-) bare Rinnen zu entwickeln. Gegen Überschwemmungen errichteten beide Seiten Pfahlreihen (»Wuhrbauten«) in den Fluss. Das nördliche (Unter-) Föhring bestand hauptsächlich aus Bauernhöfen, hier befand sich bis zur Säkularisation aber auch der Galgen. Schlimm: Drei Bäuerinnen aus dem Ort wurden während der Inquisition 1590 hier als Hexen nach schrecklicher Folter verbrannt.

Die Bürger lebten gut von der Ziegelindustrie, benötigt vom Bauboom der Stadt München. Eine erste Industrie entwickelte sich dafür ab 1886. Sogar erste Gastarbeiter aus dem Friaul kamen angereist. Ab 1909 konnten sie mit dem Zug kommen, denn da wurde die Strecke Ostbahnhof – Ismaning eingeweiht. Heute ist es ein

☺ TIPPS ZU UNTERFÖHRING

Sehenswert: Pfarrkirche St. Valentin, Kirchenweg 3a • Heimatmuseum, Bahnhofstraße 12 • Fehringer Sachmuseum • Bürgerhaus, Münchner Straße 65 • Basispyramide (von ihr wurde die Grundline der ersten Landvermessung 1801 gezogen) zwischen Föhringer Ring und Kreisstraße M3 • Feringasee • Unterföhringer See

Gastronomie: »Zum Hackerbräu«, Bahnhofstraße 15 • »Amici Pizzeria«, Münchner Straße 87 • »Seewirtschaft«, Am Poschinger Weiher 50 •

Freizeit: Spielplätze Aschheimer Straße 28 und Isaraustraße 31

Nützlich: Rathaus mit Tourist-Info, Münchner Straße 70

Ois fürs Radl: Die Radlflüsterer, Firkenweg 5

Idylle Poschinger Weiher in Unterföhring

Maibaumaufstellen am Kirchplatz mit Kirche St. Johann Baptist.

S-Bahnhof. Erste großangelegte Gewerbeansiedlungen kamen erst nach 1949. Heute ist der Ort als bedeutender Medienstandort überregional bekannt.

Ismaning

Ismaning ist eine bajuwarische Gründung. Funde im Boden und der Name mit der typischen Endung auf »-ing« legen nahe, dass der Ort im 6. oder 7. Jahrhundert n. Chr. gegründet worden ist. Woher der Name kommt? Reine Spekulation: entweder vom Geschlecht des »Isman« oder abgeleitet von der Isar selbst – die »Isarmannen«. Die älteste überlieferte Erwähnung der Gemeinde stammt aus dem Jahr 809; dabei geht es um eine Übergabe von Leibeigenen, was in dieser Zeit nicht weiter ungewöhnlich war.

Ismaning gehörte den Herzögen von Bayern – zumindest bis 1319. Weil der spätere Kaiser Ludwig der Bayer Geld brauchte, trat er dem Freisinger Fürstbischof Konrad III. für 100 Mark Silber die Herrschaft über die Dörfer Ober- und Unterföhring, Englschalking, Daglfing und Ismaning ab. Der Fürstbischof konnte aus seinen Besitzungen rechts der Isar nun ein zusammenhängendes Gebiet formen; er bildete aus den genannten Ortschaften die »Grafschaft auf dem Yserrain«, die spätere »Reichsgrafschaft Ismaning« unter seiner Hoheit. Erst mit der Säkularisation 1803 fiel Ismaning – ebenso wie Freising – wieder an Bayern.

An die damalige Zeit erinnert vor allem das Ismaninger Schloss, in dem heute die Gemeindeverwaltung ist. Von hier aus sorgte ein bischöflicher Pfleger unter anderem dafür, dass die für ihr gutes Kraut bekannten Ismaninger Bauern jährlich 2500 Krautköpfe nach Freising lieferten, wo daraus haltbares Sauerkraut gemacht wurde. Es diente den Fürstbischöfen auch als diskreter Ort für Verhandlungen mit den Herzögen und Kurfürsten von Bayern, denn die Beziehungen zu den Nachbarn waren wechselhaft. Wie bei Unterföhring gab es häufig Streit, weil die Isar die westliche Landesgrenze des Hochstifts nach Bayern bildete, doch diese wechselte mit jedem Hochwasser ihren Verlauf.

Der heutige Schlossbau stammt aus dem 18. Jahrhundert. 1716 ließ der damalige Fürstbischof von Freising das Renaissance-Schloss abreißen und durch einen Barockbau ersetzen. Der Wittelsbacher, ein Sohn von Kurfürst Max II. Emanuel, veranstaltete rauschende Feste und ließ den Hofgarten mit verschiedenen Bauwerken schmücken, von denen heute noch ein Pavillon erhalten ist, der Entwurf stammt vom Münchner Hofbaumeister François de Cuvilliés dem Älteren.

Nachdem Ismaning ab 1803 wieder bayerisch war, hatte das Schloss wechselnde Bewohner. Von 1816 bis 1853 gehörte es etwa Napoleons Stief- und Adoptivsohn Eugène de Beauharnais, dem Gemahl der bayerischen Königstochter Auguste Amalie. Das Paar nutzte Ismaning als Sommersitz. 1899 erwarb die Stadt München das Landgut, 1919 trat sie es schließlich an die Gemeinde Ismaning ab, die den Schlosspark für die Allgemeinheit öffnete.

Das Dorf Ismaning blieb lange Zeit klein. Während des 30-jährigen Krieges litten die Ismaninger unter den Verheerungen und Plünderungen durch die Schweden und unter einer schweren Pestepidemie, während der mehr als ein Drittel der Einwohner starb. Um 1900 zählte die Gemeinde etwa 1300 Einwohner. Die Menschen lebten zunächst von der Landwirtschaft und vom Torf, der im Ismaninger Moos gestochen wurde. Mitte des 19. Jahrhunderts eröffnete eine Fabrik für Verpackungspapier (bis 1971 in Betrieb), im frühen 20. Jahrhundert kamen Ziegelwerke hinzu. Von 1909 an war die Gemeinde über die bayerische Lokalbahn, einen Vorläufer der heutigen S-Bahn, an das

Schloss Ismaning – heute Rathaus.

Schienennetz angeschlossen. Weil Ismaning sein Kraut damit exportierte, hieß die Bahn im Volksmund rasch der »Kraut-Express«. Wahrzeichen Ismanings war bis 1983 ein hölzerner Sendeturm des Bayerischen Rundfunks, der an den Pariser Eiffelturm erinnerte (1983 gesprengt). Die Ismaninger Sendeanlagen gingen Ende April 1945 in die Geschichte ein: Sie waren der zentrale Schauplatz des Widerstands der »Freiheitsaktion Bayern«. Die Nationalsozialisten schlugen den Aufstand blutig nieder.

Flößerei in Ismaning?

Von Ismaning ist vom ISARRADWEG aus wenig zu sehen; seit jeher halten die Menschen hier Distanz zum Fluss. So gab es in Ismaning nie eine dauerhafte Floßanlegestelle und bis 1959 keine feste öffentliche Brücke – Fähren verkehrten zwischen Ismaning und Garching.
Dass der Fluss von 1805 bis 1812 zwischen Bogenhausen und Ismaning begradigt wurde und seine Ufer mit steilen Betonwänden befestigt wurden, machte ihn nur noch gefährlicher. Immer wieder gab es Unfälle wie jenen am 21. Mai 1907, an den ein Gedenkstein erinnert. Er steht zwischen Ismaning und dem nördlichen Ortsteil Fischerhäuser. An jenem Tag ertranken vier Männer bei einem Fähr- oder Floßunglück an einer Stromschnelle. Zwei von ihnen waren Angehörige der königlich-bayerischen Staatsbauverwaltung, die ihnen daraufhin ein Denkmal errichten ließ.
Überliefert ist, dass ein Krüner Floßmann 1760 zum Schloss Ismaning Holz für ein Floß geliefert hat und 1770 für die Herrschaft Buchenholz. Der größte Teil der auf Flößen transportierten Waren wurde aber in München ausgeladen. Weiterfahrende Flöße ins Unterland schwammen isarabwärts vorbei am Dorf. Aber als Ende des 15. Jahrhunderts der Freisinger Dom einen neuen Dachstuhl bekam, nahm man dafür die Stämme aus dem Oberland, denn Niederbayern war immer schon holzarm. Sie wurden mittels Floß nach Ismaning transportiert, sollen in der dortigen Sägemühle am Seebach (heute Hotel »Zur Mühle«) zurechtgeschnitten und wieder auf die Isar Richtung Freising verladen worden sein.

☺ **TIPPS ZU ISMANING**

Sehenwert: Schloss, Schloßstraße 1, 2, 3 mit Park und Schlossmuseum, Schloßstraße 3a • Kallmann-Museum, Schloßstraße 3b • Pfarrkirche St. Johann Baptist, Kirchplatz 1 • Wasserturm, Münchener Straße 83 • Flussunglück-Gedenkstein zwischen Ismaning und dem Ortsteil Fischerhäuser
Gastronomie: »Dorfschenke«, Dorfstraße 11 • Gasthof-Hotel »Zur Mühle«, Kirchplatz 5 • »Griaß di Resi«, Schloßstraße 17
Freizeit: Hallenbad, Erich-Zeitler-Straße 6 • Bürgerpark mit Spielplatz
Nützlich: Rathaus mit Tourist-Info, Schloßstraße 2 • Polizei, Leuchtenbergstraße 1
Ois fürs Radl: Radreparaturstation S-Bahnhof Ismaning (Süd) und Hallenbad Ismaning (bei Fahrradständern) • Radwerkstätten: Radsport Rösch, Bahnhofstraße 6 • Radtechnik König, Münchener Straße 51

Landkreis Freising

Grafschaft (Bistum) Freising, Kupferstich, von Jan Barend Elwe & D.M. Langeveld, 1791.

Im geschichtsträchtigen Landkreis Freising gibt es viel zu entdecken. Die Museen, Kirchen oder die mittelalterlichen Altstädte von Freising und Moosburg bringen die regionale Geschichte und Tradition näher. Kunstliebhaber finden im Landkreis eine Vielfalt an Meisterwerken. Die 24 Städte, Märkte und Gemeinden im Landkreis Freising sind unterschiedlichst geprägt: Von der ältesten Stadt an der Isar – Freising – bis hin zur idyllischen Gemeinde im Hopfenland Hallertau.

Das Kreisgebiet gehörte schon vor 1803 überwiegend zu Bayern und war den Landgerichten Kranzberg und Moosburg zugeordnet. Das Fürstbistum Freising war ein eigenes geistliches Herrschaftsgebiet, das 1802 säkularisiert und dem Kurfürstentum Bayern eingegliedert wurde. Der Landkreis Freising ist reich an Gewässern. Neben Flüssen wie Isar, Amper oder Abens bieten zahlreiche Naturseen Badegenuss. Wandern ist möglich auf Erlebnispfaden und Themenwanderwegen in der hügeligen Hallertau, auf Touren entlang der Flusstäler von Isar und Amper oder in den Natur- und Landschaftsschutzgebieten. Im Landkreis gibt es sieben Naturschutzgebiete, fünf Landschaftsschutzgebiete und sechs FFH-Gebiete.

Der Landkreis Freising ist einer der begehrtesten und wachstumsstärksten Wirtschafts- und Wohnstandorte in Deutschland. Zu verdanken ist dies der günstigen Verkehrsanbindung mit den S-Bahnlinien 1 und 8 und dem Flughafen im Erdinger Moos. Integriert in ein gut ausgebautes Radwegenetz von rund 260 Kilometern Länge und mit gutem Anschluss an das »Bayernnetz für Radler« findet man abwechslungsreiche Radtouren im Landkreis Freising – von Rundwegen bis zu Fernradwegen.

Freising

Die Mischung macht's: Mit südländischem Flair und bayerischer Tradition sowie zwischen Geschichte und Gegenwart präsentiert sich Freising als ältester Ort an der Isar.

Freisinger Marienplatz.

Beeindruckende Barock- und Rokokobauten säumen die Straßen, versteckte Winkel und Gassen laden zum Flanieren und Entdecken ein.
Der historische und kulturelle Mittelpunkt Freisings liegt weithin sichtbar auf einem Hügel am Nordrand der Schotterebene der Isar: der Mariendom mit seinen Türmen. Umgeben ist dieser von einem staatlichen Gymnasium, einem kirchlichen Bildungszentrum, dem Diözesanmuseum – einem der weltweit größten kirchlichen Museen –, mehreren Ämtern und einem Gericht, die alle in früheren Domherrenhäusern untergebracht sind.
Mehr als ein Jahrtausend lang haben Bischöfe und Fürstbischöfe von Freising aus regiert und auf ihrem Domberg ein Zentrum der Kunst, der Geschichtsschreibung und der Gelehrsamkeit geschaffen. Weit über die Region hinaus war der Hügel als »mons doctus«, als »gelehrter Berg«, bekannt. Bischof Arbeo von Freising (723–784) gilt als erster Schriftsteller deutscher Herkunft, Bischof Otto (1114–1158) als einer der bedeutendsten Geschichtsschreiber des Mittelalters. Und sogar die älteste schriftliche Erwähnung des Namens der Isar ist in Freising zu finden: In einem Traditionsbuch (Schenkungsbuch), des Hochstifts wird der Fluss im Jahr 763 »Isura« genannt.
Im heutigen Freisinger Stadtgebiet leben seit Urzeiten Menschen, die ältesten Spuren reichen Jahrtausende zurück. Der Name »Freising« bedeutet »Siedlung des Frigis« und ist vermutlich keltischen Ursprungs; das deutet auf eine Ortsgründung im ersten vorchristlichen Jahrtausend hin. Die schriftlichen Quellen reichen immerhin ins frühe 8. Jahrhundert nach Christus zurück – damit kann Freising sogar als älteste Stadt in Oberbayern gelten.
Der Domberg war anfangs ein Festungsberg: Schon seit 555 nach Christus war Freising einer der Hauptorte im Stammesherzogtum Baiern, ebenso wie Regensburg, Passau und Salzburg. Ab etwa 715 stand hier wohl eine Herzogsburg der Agilolfinger, bewohnt unter anderem von Herzog Grimoald II. Davon berichtete später Bischof Arbeo von Freising in seinem »Leben des heiligen Korbinian«. Der heilige Korbinian ist bis heute Patron des Bistums und Stadtpatron Freisings. Korbinian wird in Begleitung eines Bären, der ein Lastenbündel trägt, dargestellt. Denn der Legende nach war Korbinian auf einer Pilgerfahrt unterwegs, als ihm ein wilder Bär das Pferd riss. Der Heilige lud ihm zur Strafe

St. Korbinian mit dem Bär an der Korbinianbrücke.

sein Gepäck auf und ist mit ihm nach Rom gepilgert. Heute ist der Bär der sympathische Botschafter Freisings.

Von 739 an gilt die Stadt kirchenrechtlich als Bischofssitz. Im Jahr 788 setzte König Karl der Große den letzten Agilolfinger Tassilo III. ab. In der Folge prägten die Bischöfe die Stadt: Der Freisinger Burgberg geriet in kirchlichen Besitz, die Bischöfe zogen aus ihrem Kloster in die ehemalige Herzogspfalz. Im 9. Jahrhundert ließen sie einen größeren Dom bauen, den Vorgänger des heutigen Mariendoms. Um 830 gründete Bischof Hitto auf dem Weihenstephaner Berg ein Kloster, das später von Benediktinern bewohnt wurde und fast 1000 Jahre Bestand haben sollte. Die heutige Brauerei Weihenstephan führt sich als älteste noch existierende Brauerei der Welt auf das Jahr 1040 zurück.

Die Bischöfe prägten fortan die Geschichte Freisings; von den Bürgern hingegen ist selten die Rede. Mitte des 10. Jahrhunderts litten die Freisinger unter Angriffen der Ungarn; der Heiligenlegende zufolge bewahrte Bischof Lantpert immerhin den Domberg vor der Plünderung, indem er ihn wundersam in Nebel hüllte. 996 erhielt die Siedlung zu Füßen des Bergs von Kaiser Otto I. das Markt- und Münzrecht. 1359 erhielten die Bürger von Fürstbischof Albert das Stadtrecht. Eine eigene Verwaltung oder Selbstbestimmung gegenüber den Bischöfen erstritten sie jedoch nie.

Die Geistlichen dagegen bauten ihre Macht aus. Die Bischöfe von Freising verfügten nicht nur über weitläufigen Besitz an der Oberen Isar bei Werdenfels sowie bei Ismaning, sondern besaßen auch Ländereien im heutigen Österreich und Slowenien. Von 1180 an herrschten die Bischöfe sogar vorübergehend über München, nachdem Kaiser Friedrich Barbarossa den Bayernherzog und Münchner Stadtgründer Heinrich den Löwen abgesetzt hatte. Allerdings traten die Bischöfe die Stadt 1240 wieder an die neuen Bayernherzöge aus dem Hause Wittelsbach ab. Ab dem 13. Jahrhundert schließlich regierten die Kleriker als Fürstbischöfe, vereinten also die geistliche und die weltliche Macht in sich.

Im Dreißigjährigen Krieg wüteten mehrmals die Schweden in der Stadt. Eine Zäsur wie für die Handelsstadt München war der Krieg für Freising jedoch nicht. Gefördert von den Fürstbischöfen, blühte die Stadt bald wieder auf. 1697 gründete Bischof Johann Franz Eckher von Kapfing und Liechteneck am Freisinger Marienplatz eine erste Hochschule, das Lyzeum. Unter seiner Herrschaft grassierte freilich auch der Hexenwahn: Die Freisinger richteten zu Beginn des 18. Jahrhunderts gar fast ein Dutzend Kinder als mutmaßliche Hexen und Zauberer hin.

Ein knappes Jahrhundert später war es vorüber mit der Herrschaft der Bischöfe über Freising. Mit dem sogenannten Reichsdeputationshauptschluss erlaubte es der Kaiser des Heiligen Römischen Reiches deutscher Nation 1803 den weltlichen Fürsten, sich selbst für ihre Verluste im Krieg gegen Napoleon zu entschädigen: Sie durften sich an kleineren Fürstentümern und geistlichen Territorien schadlos halten. Die Kurfürsten von Bayern verleibten sich daraufhin das Hochstift Freising mit allen seinen Besitzungen ein. Die Klöster der Bischofsstadt und viele Kirchen wurden geplündert und zum Teil abgerissen. Sogar der Dom sollte abgetragen werden. Der Bischofssitz des neu gegründeten »Erzbistums München und Freising« wurde 1821 nach München verlegt. Die Stadt Freising, die jahrhundertelang hauptsächlich von den Bischöfen gelebt hatte und von diesen abhängig gewesen war, fiel in Bedeutungslosigkeit.

Doch Freising erholte sich von diesem Schlag. Anfangs half es, dass die Münchner Regierung im früheren Kloster Neustift Militär einquartierte und mehrere Verwaltungsämter in der Stadt beließ. Die Eisenbahn, an die Freising 1858 angeschlossen wurde, ließ einzelne Industriebetriebe entstehen – freilich kaum kriegswichtige Zweige, sodass Freising im Zweiten Weltkrieg kaum zerstört wurde.

Und die Stadt knüpfte an ihre Tradition als »Berg der Gelehrsamkeit« an: 1834 wurde das Lyzeum als theologische Hochschule eingerichtet, als philosophisch-theologische Hochschule bestand diese bis 1969 und hatte zuletzt einen prominenten Studenten und später Dozenten: Joseph Ratzinger, den späteren Papst Benedikt XVI. In der säkularisierten Abtei Weihenstephan wurde eine staatliche Forstschule eröffnet, später eine Landwirtschaftsschule. 1895 wurde Weihenstephan zur »Königlichen Bayerischen Akademie für Landwirtschaft und Brauereien«; gut 30 Jahre später wurde diese Akademie der Technischen Hochschule München, der heutigen Technischen Universität, eingegliedert – Freising ist damit Universitätsstadt. 1971 wurde in

Der sogenannte Sichtungsgarten in Weihenstephan-Triesdorf. Hier werden Stauden- und Gehölzsortimente sowie Rosenneuheiten auf ihren Gebrauchswert geprüft.

Freising mit Ordinarifloß. Gemälde von Johann Baptist Deyrer, 1772. Die Fahrt kostete um 1800 ab München 12 Kreuzer.

Weihenstephan zudem eine Fachhochschule gegründet, die heutige Hochschule Weihenstephan-Triesdorf. Und der Campus ist gewachsen. In Weihenstephan haben sich nicht nur die Bayerischen Landesanstalten für Landwirtschaft und für Wald- und Forstwirtschaft niedergelassen, auch die Technische Universität München hat den Standort ausgebaut, ihre Fakultät für Biologie dorthin verlegt und 2000 ein Wissenschaftszentrum für Ernährung, Landnutzung und Umwelt etabliert.

Via Floß nach Freising

Die Versorgung des Bistums Freising erfolgte meist mit Flößen über Isar und Loisach. Dass diese Flüsse aus dem Werdenfelser Land, dem größten Teilterritorium des Hochstifts Freising, ihren Lauf zur eigenen Residenzstadt nahmen, war eine ideale Dreingabe der Natur. Die Werdenfelser Floßleute, die alle Güter ins Hochstift Freising transportierten, waren dort ein wichtiger Teil der Wirtschaft. Seine Bevölkerung war besonders im 16. Jahrhundert auf einen Nebenverdienst zusätzlich zur nicht sonderlich ertragreichen Landwirtschaft angewiesen. Die Flößer verdienten auch beim Abtransport des vollbeladenen Amtsfloßes zum hochfürstlichen Holzgarten bei Freising oder zu den Schlossbaustellen in Eching und Ismaning. Denn die Freisinger Amtsflöße durften durch Wolfratshausen passieren, während für die anderen Flößer der Oberen Loisach die Reise dort meist zu Ende war: Die Wolfratshauser Flößer übernahmen das Floß.

Zollfrei waren alle Flöße der Freisinger Franziskaner (und des Kurfürsten) bei der Nutzung des Triftkanals bei Großweil und Benediktbeuern am Kochelsee. Alle andern von der Oberen Loisach kommenden Flöße mussten dort zahlen, sie waren auch vom Wasserzoll an der Grünwalder Zollstelle ausgenommen.

Freisinger Regierungsbeamte sind nach Erledigung ihrer Aufgaben in der Grafschaft Werdenfels mit dem Amtsfloß nach Freising zurückgefahren. Nicht selten machten junge Bären, Wölfe, Luchse, lebende Gemsen und sogar Geier eine erbarmenswerte Floßfahrt, um dann am Hof zur Schau gestellt zu werden. Auch die Hofküche freute sich über Spezialitäten aus dem Süden. Zum Personentransport auf dem Amtsfloß gehörten auch Gefangene. Schon 1582 schaffte man zehn Garmischer und Grainauer Wilderer auf dem Wasserweg zum Prozess in die Hauptstadt Freising, sie waren auf dem Floß angekettet und wurden von zwei Amtsknechten bewacht.

Das 1328 entstandene Rechtsbuch des Ruprecht von Freising beschäftigt sich mit Konfliktfall der Beschädigung von Brücken unter der Überschrift »Daz ist des Wazzers Recht«. Ruprecht, der darin das in Freising und im Gebiet des Fürstbistums geltende Recht schildert,

Der Freisinger Dom St. Maria und St. Korbinian.

stuft die Schadensersatzpflicht des Flößers bei Kollision mit einer Brücke nach dem Grad der Fahrlässigkeit ab. Die Schadenssumme wird durch den Wert der beförderten Fracht begrenzt.

Um 1450 wurde der Freisinger Dom neu errichtet. Für seine Dachstühle und teilweise auch die Innenausstattung hatte sich der Freisinger Bischof den stattlichen Großweiler Eichenwald ausersehen. Um diese Zeit mögen wohl Hunderte Flöße beladen mit Eichenholzstämmen aus Großweil nach Freising geschwommen sein. In der Falleissäge links der Isar in Unterfischbach (Wackersberg) wurde das Holz für das Freisinger Chorgestühl geschnitten, dann von Huppenberg aus nach Freising geflößt.

Auf der Karte von 1810 ist die Freisinger Lände dargestellt.

Mit Waldordnungen versuchten die Freisinger Bischöfe seit dem 16. Jahrhundert, den Holzeinschlag in Werdenfels in Grenzen zu halten. Das Recht der Einwohner, sich Holz aus den Waldungen zu verschaffen, war darin streng geregelt. 1599 verpflichtete sich der Besitzer des Hofes in Elmau, dem eine Säge angeschlossen war, an das Hochstift Freising Holz zu liefern und dieses kostenlos »gen Crin (Krün) an das Wasser« zu bringen.

Entsprechend eines zwischen dem Kurfürsten Max Emanuel von Bayern und dem Fürstbischof von Freising, Johann Franz Eicker von Kapfing und Lichteneck, 1719 abgeschlossenen Zollvertrags hatten die Werdenfelser Floßleute, wenn sie mit mautbaren Gütern fuhren, am »Weghaus« (Zollhaus) und zu Eschenlohe zu landen, ihre Ausweise dort vorzulegen und die Visitation der Waren vornehmen zu lassen.

Aus dem 18. Jahrhundert gibt es viele Nachweise, dass die Krüner Bauern regelmäßig Holz an die Grundherrschaft abzuliefern hatten. Zum Beispiel das Anwesen »Franzos«, dessen Inhaber Floßmann war und überwiegend von der Flößerei gelebt hat. Er hat zum Beispiel geliefert: dem Hofkanzler Joseph von Sedlmair in Freising Buchenholz und dem Hochfürstlichen Hofbauamtsverwalter

TIPPS ZU FREISING

Sehenswert: Domberg mit Dom St. Maria und St. Korbinian (Innengestaltung Gebrüder Asam), Domberg 32 • Dözesanmuseum, Domberg 21 • Rokoko-Kirche St. Peter und Paul mit Kloster Neustift, Alte Poststraße 42 • Stadtmuseum, Marienplatz 7 • Rathaus, Obere Hauptstraße 2 • Pfarrkirche St. Georg, Kirchgasse 7 • »Asamgebäude« (ehem. fürstbischöfliches Lyceum), Marienplatz 7 • Bayerische Staatsbrauerei Weihenstephan (Führungen), Alte Akademie 2 • Wissenschaftszentrum (ehem. Kloster), Emil-Erlenmeyer-Forum 5 und TUM, Alte Akademie 8 • Schaugärten der Hochschule Freising-Triesdorf, Am Staudengarten 7 • Schafhof (Nr. 1) • Floßlände bei Luitpoldstraße / Korbinianbrücke • Ländstraße • Isarstraße
Gastronomie: »Hofbräuhauskeller«, Lankesbergstraße 5 • »Zur Alten Schießstätte«, Dr.-v.-Daller-Straße 1–3 • »Domberg Gastronomie«, Domberg 5 • »Kathis Steakhouse«, Angerbadergasse 6 • »Stadtcafé«, Veitsmüllerweg 2 • »Weißbräu Huber«, General-von-Nagel-Straße 5
Freizeit: Erlebnisschwimmbad »fresch«, Rabenweg 20 • Spielplatz, Münchner Straße 21 • Pullinger Weiher
Nützlich: Rathaus, Bürgerbüro (Stauberhaus), Marienplatz 1 • Tourist-Info, Rindermarkt 20 • Klinik, Alois-Steinecker-Straße 18 • Polizei, Haydstraße 4
Ois fürs Radl: Radservicestationen SteinCenter, Weinmiller-Straße 5 und S-Bahnhof Freising • Bikestation Freising, Erdinger Straße 24 • Radl Ruhland, Vöttinger Straße 17 • Sport Wittmann, Rabenweg 9 • Offene Werkstatt Freising, Schwalbenweg 1

WEITERE TIPPS

Freising-Weihenstephan
Gastronomie: »Bräu-Stüberl« (Biergarten!), Weihenstephaner Berg 10
Ois fürs Radl: Fahrradreparaturstation am Busbahnhof

Marzling
»Landgasthof Nagerl«, Bahnhofstraße 6, 85417 Marzling • Gaststätte-Pension »Zur Schmied'n«, Rudlfinger Straße 1, 85417 Marzling
Freizeit: Stoibermühlsee, An der Stoibermühle • Goldshauser Garten, Goldshausen 4, 85417 Marzling

Mangstl 7¾ Klafter Buchenholz. 1794 waren seine Fuhren zwei Mal Buchen und Feichten (Fichten) in den Holzgarten nach Freising und 1799 ein Schäffel Korn zum Freisinger Kastenamt. Anfang des 19. Jahrhunderts hat Floßmeister Schöttl und / oder sein Sohn auch für andere Bauern Holz nach Freising gebracht, was nicht heißt, dass nicht auch die Bauern selbst geflößt sind. An die Freisinger Kirchenfürsten musste von den zahlreichen Fahrten Bozener Weins im Oktober stets ein Drittel abgegeben werden. Weil die Versuchung allzu groß war, durften die stets durstigen Förgen und Styrer von jedem mit Wein beladenen Floß drei Maß abschöpfen.

Moosburg

Die liebenswerte Kleinstadt Moosburg ist die älteste Stadt im oberbayerischen Landkreis Freising. Sie liegt malerisch eingebettet zwi-

St. Johannes Kirche und Turm des St. Kastulus Münster in Moosburg.

schen den Auwäldern der Flusse Isar und Amper. In der historischen Altstadt erheben sich die beiden weithin sichtbaren Wahrzeichen der Stadt, die Kirchtürme von St. Kastulus und St. Johannes. Sie blicken auf reizvolle Gassen, ehrwürdige Bürgerhäuser und historische Treppen herab, die das Stadtbild prägen.

Moosburg hatte seine große Zeit im Mittelalter. Die Stadt geht auf ein Benediktinerkloster zurück, das um das Jahr 769 erstmals erwähnt wird: Als »Mosebyrga« taucht es in Urkunden seines Abtes Reginbert auf. Der Name deutet darauf hin, dass es offenbar auf dem Höhenzug der Landzunge zwischen Isar und Amper, auf welcher die Stadt liegt, zuvor eine römische Festung gegeben hat. Die Region um Moosburg war schon sehr früh besiedelt, Siedlungsspuren reichen bis in die Jungsteinzeit zurück. Die Funde aus der Siedlung Murr lagern im Archäologischen Depot im Landratsamt Freising, eine Ausstellung kann jeden ersten Sonntag im Monat besichtigt werden.

Die schriftliche Überlieferung setzt mit jenem Kloster ein, das damals ein besonderes war: Es gehörte anfangs weder zum Herzogtum Bayern noch zu Freising, sondern war eine unabhängige, nur dem König unterstehende Reichsabtei. Um das Kloster herum bildete sich eine Siedlung von Handwerkern, Händlern und Wirtsleuten. Der Ort erlangte überregionale Bedeutung, als im frühen 9. Jahrhundert Mönche die Reliquien des heiligen Kastulus, eines römischen Märtyrers aus Pavia, in die Klosteranlage brachten. Damit machten sie Kloster und Kirche zum Wallfahrtsort. 829 findet sich der letzte Beleg dafür, dass es in Moosburg einen Abt

Moosburg im Jahr 1590. Deckenfresko von Hans Donauer in der Münchner Residenz.

gegeben hat. Als 895 König Arnolf das Kloster an den Bischof von Freising übergab, lebten dort weltliche Chorherren. Es wurde zum Stift, die Chorherren führten eine im Mittelalter bekannte Stiftsschule, die Moosburg zu einem kulturellen Zentrum erblühen ließ. Im 10. Jahrhundert hatte Moosburg unter den Ungarneinfällen zu leiden, es blühte jedoch als Wallfahrtsort rasch wieder auf. 1171 erhielt Moosburg das Marktrecht. Im selben Jahr versammelte sich die politische Prominenz Bayerns in dem kleinen Ort, denn Herzog Heinrich der Löwe lud zum Landtag. Der Herzog erhob auch eine Moosburger Familie in den Grafenstand; bis zum Aussterben dieser Familie im Jahr 1281 gab es eine Grafschaft Moosburg. Das Wappen dieser Grafen zeigte drei Rosen; das Stadtwappen der »Dreirosenstadt Moosburg« lehnt sich daran an.

In den folgenden Jahren wurde Moosburg befestigt. 1331 erhielt der Markt das Stadtrecht, und weil die Bevölkerung wuchs, musste ab 1403 ein neuer Mauerring um die Stadt errichtet werden. Seinen kulturellen Höhepunkt erreichte Moosburg im ausgehenden 15. Jahrhundert. Nachdem die Nachkommen Kaiser Ludwigs des Bayern nach dessen Tod das Herzogtum unter sich aufgeteilt hatten, gehörte Moosburg zum Teilherzogtum Bayern-Landshut.

Moosburg wurde mehrmals verheert. Im Dreißigjährigen Krieg waren es die Schweden mit deren König Gustav Adolf oder der Winterkönig Friedrich von der Pfalz. Die Bürger mussten viel Geld bezahlen, um eine Plünderung abzuwenden. In den Erbfolgekriegen des 18. Jahrhunderts wurde die Stadt von den Österreichern besetzt, in den Napoleonischen Kriegen 1805 zogen Franzosen ein. Hinzu kamen Katastrophen wie die im Jahr 1702, als ein Feuer die halbe Stadt zerstörte. Bei einem Brand 1865 brannten 71 Gebäude, darunter das Rathaus. Die Bürger erneuerten nun ihre Stadt im Baustil und mit der Technik des 19. Jahrhunderts. 1858 wurde die Zweiflüssestadt an

die Eisenbahnstrecke von München nach Regensburg angeschlossen. Erste Industriebetriebe entstanden im frühen 20. Jahrhundert. Nachdem die Münchner Stadtwerke 1907 am Mittlere-Isar-Kanal nordöstlich von Moosburg ein Wasserkraftwerk, das Alte Uppenbornwerk, in Betrieb nahmen, erhielt Moosburg elektrischen Strom.
Kurz nach Beginn des Zweiten Weltkriegs ließ das Münchner Generalkommando in der sumpfigen Landschaft nördlich von Moosburg ein Kriegsgefangenenlager errichten, das sogenannte Stammlager (»Stalag«) VIIA. Ausgelegt war das Lager zunächst für 10000 Gefangene; gegen Kriegsende aber waren hier etwa 60000 Menschen untergebracht, in den letzten Kriegstagen gar etwa 80000. Das Lager gilt als größtes Kriegsgefangenenlager der Nationalsozialisten innerhalb Deutschlands. Zum Vergleich: Moosburg selbst hatte im Mai 1939 nur etwas mehr als 6000 Einwohner. Nachdem die US-Armee das Lager Ende April 1945 befreit hatte, internierte sie hier zunächst bis zu 12000 Deutsche. 1948 wurde das Gelände freigegeben, viele Flüchtlinge und Heimatvertriebene fanden dort ein neues Zuhause. Die Isarbrücke hatte die SS in den letzten Tagen des Krieges gesprengt. 1949 weihte Moosburg eine neue Isarbrücke ein.
Seit dem Ende des Krieges ist Moosburg kontinuierlich gewachsen. Auf dem »Stalag-Gelände« entstand der neue Stadtteil »Moosburg-Neustadt«. In der Gebietsreform 1971 bis 1979 hatte der Stadtrat die Wahl, ob Moosburg zu Ober- oder Niederbayern gehören wollte. Er entschied sich für Oberbayern. Durch die Gebietsreform hat die Stadt ihr Gebiet durch Eingemeindungen verdreifacht.

Anlanden in Moosburg

Auch hier wurde die Isar – im 18. Jahrhundert war hier der Hauptarm 120 Meter breit – fleißig als Verkehrsader benützt. Älteste Unterlagen geben 1579 »Floßländ an der Isarbrücke« an, die Straße »Lände« erinnert daran. Auch Zillen expedierten Waren, der letzte Moosburger Zillenbauer hatte 1812 seine »Werft« an der Weihmühlstraße 3. Durch den Zufluss der Amper bei Volksmannsdorf und Verminderung des Gefälles koppelte (strickte) man in Moosburg oft zwei Flöße zusammen. Wollten die Flöße in Moosburg anlanden, wurden die Flöße mittels Ländhaken am Seil zum Stehen gebracht – der Ländmeister warf schon von der Brücke oder vom Ufer aus den Haken den Flößern zu. Die Flöße mussten bei der »Anländ« den »Bruckzoll« zahlen, beim »Fischerwirt« kehrten sie ein. Das Ordinarifloß mit Passagieren aus dem Oberlauf (in München war Abfahrt 13 Uhr) erreichte Moosburg gegen 18 oder 19 Uhr, der Preis betrug bis Moosburg 24 kr. Mit Beginn des Morgengrauens, so gegen 3 Uhr, begann die Weiterfahrt.
Die vielen Anlandungen – 1860 bis 1870 waren es alljährlich noch 3000 – mit auswärtigen Waren waren dem Moosburger Gewerbe ein Dorn im Auge. Durch Verordnungen wollten sie die Einfuhren verbieten oder einschränken. So war kein Kaufabschluss von Binderwaren, Holz oder Reifen möglich, wenn nicht vorher das ganze Handwerk verständigt worden war, Ausnahme waren die beliebten Bauernkästen aus den Tölzer Werkstätten.

☺ TIPPS ZU MOOSBURG

Sehenswert: St. Kastulus (ehem. Stiftskirche), Auf dem Plan 3 • Heimatmuseum, Kastulusplatz 3 • Stalag-Museum, Hodschager Straße 2 • Filialkirche St. Johannes, Auf dem Plan 1 • spätmittelalterliche Stadtmauerreste mit Pulverturm beim Rosenhofweg 6 • ehem. Wasserschloss Asch, Bahnhofstraße 17 • ehem. Floßlände, Lände 1 bis Stadtwaldstraße • Naturschutzgebiet Isarauen zwischen Hangenham und Moosburg • Isarstraße • Holzlandstraße

Gastronomie: Café-Bistro »Woch'nblatt«, Münchener Straße 1 • »Zum Boban«, Landshuter Straße 6 • »Staudinger Keller«, Münchener Straße 25 • Gasthof-Pension »Zur Lände«, Lände 1

Freizeit: Freibad, Stadtbadstraße 15 • Spielplatz, Kanalstraße 7 • Aquapark, Sempt 20

Nützlich: Rathaus mit Tourist-Info, Stadtplatz 13 • Polizei, Poststraße 6

Ois fürs Radl: Christian Braun e.K. Fahrradservice und Fahrradschlauchautomat, Thalbacher Straße 28b • Zweirad Kick, Rosenhofweg 1

Tragische Floßunglücke: 1793 zerschellte ein Floß an der Isarbrücke, fünf Personen ertranken, zehn konnten gerettet werden. 1790 verunglückte ein Ordinarifloß auf der Fahrt nach Wien, drei Personen fanden den Tod in den Wellen. Das schlimmste Unglück geschah am 26. Mai 1801, als ein Pilgerfloß auf der Isar oberhalb Moosburgs gegen die Rudlfinger Brücke stieß und zerbarst. 24 Menschen ertranken.

Mit der Eröffnung der Nordbahn 1858 endete nach und nach der Verkehr zu Wasser, allerdings benutzten die Flößer die Eisenbahn für die Heimfahrt. Postkarten aus den Jahren 1899 bis 1910 zeigen noch die hölzerne Moosburger Isarbrücke mit einem Floß auf der Isar, aber 1900 waren es nur mehr 29 Flöße, die anlandeten. Von 1905 bis 1907 erfolgte der Bau des Isarkanals ab Moosburg und des Uppenbornkraftwerks, wobei das Moosburger Isarwehr und das Kraftwerk noch eine Floßgasse erhielten, also der Floßverkehr auf den Kanal verlagert wurde. Das letzte Floß landete in Moosburg 1910 anlässlich eines Jubiläumsfests des hiesigen Veteranen- und Kriegervereins an.

Anreise der Lenggrieser Veteranen zu den Moosburger Veteranen 1910.

Landkreis Landshut

Der Landkreis Landshut ist ein Stück vom Herzen Altbayerns – landschaftlich reizvoll, reich an Geschichte und Kultur. Dieser Landkreis ist prallvoll mit Sehenswürdigkeiten und Naturschätzen. Die kreisfreie Stadt Landshut liegt mitten im Kreisgebiet und teilt es wie die Isar in zwei etwa gleich große Teile – eine Nord- und eine Südhälfte. Nördlich des Flusses, am linken Ufer wird es als Donau-Isar-Hügelland bezeichnet, südlich des Flusses, am rechten Ufer, als Isar-Inn-Hügelland. Neben der Isar gibt es die Vils, den Nordwesten des Kreises durchzieht die Große Laber, die ebenfalls (in der Nähe von Straubing) in die Donau mündet.
Die Freizeit- und Sportmöglichkeiten im Landkreis Landshut sind vielfältig. Tipps für Radfahrer: In

Landshuter Altstadt mit der Kirche St. Martin.

Bruckberg gibt es ein historisches Fahrradmuseum, Auenstraße 5, Besichtigung nur nach Terminvereinbarung! In Vilsbiburg, Mozartstraße 6, lädt eine Radfahrerkirche zur Ruhe und Einkehr ein.

Landshut

Landshut begeistert nicht nur durch seine attraktive Lage an der Isar und der mediterranen Atmosphäre: Seine prächtige Altstadt ist eine der am besten erhaltenen historischen Stadtkerne in Deutschland mit einer Fülle von Sehenswürdigkeiten und vielfältigen Angeboten in den Bereichen Kunst und Kultur. Und: Landshut ist alle vier Jahre Schauplatz eines Historienspiels zur größten europäischen Veranstaltung des ausgehenden Mittelalters: der Landshuter Hochzeit!

Die Anfänge Landshuts erinnern an die von München. Hier wie dort spielt die Isar eine wichtige Rolle. Die Gründung Landshuts 1204 ähnelte demselben Muster: eine Brücke, die Salzstraße, eine Gewalttat. Bevor Herzog Ludwig I. der Kelheimer Landshut gründete, unterhielt der Regensburger Bischof isarabwärts bei Altheim ebenfalls eine Brücke. Die Lage war günstig: Der Ort lag zwischen den alten Römerstädten Augsburg, Regensburg und Passau sowie dem Inn-Übergang bei Rosenheim. Deshalb trafen hier mehrere Fernstraßen zusammen.

Auch hier querte die Salzstraße die Isar. Der Bischof von Regensburg ließ die Brücke deshalb durch eine Festung, die »Straßburg« (heute ein Burgstall), bewachen. Diese ließ Herzog Ludwig 1203 schleifen, den Isarübergang verlegte er isar-

Landshut im Jahr 1753.

aufwärts in sein eigenes Gebiet: nach Landshut, das das südliche Ende des bischöflichen Einflussgebiets markierte. Von da an blieb der Isarübergang bei Landshut.

Wie München wuchs auch Landshut nach seiner Gründung rasch, denn der Salzhandel führte zu großem Wohlstand. Und beide Städte wurden Residenzstädte der Wittelsbacher Bayernherzöge. Der Unterschied ist, dass die Münchner Linie des Geschlechts bis zum Jahr 1777 Bestand hatte, während die Landshuter Linie bereits 1503 ausstarb. Und so entwickelte sich München dauerhaft zur Hauptstadt Bayerns, während Landshut stagnierte. Den Namen »Landshut« erklärte der bayerische Geschichtsschreiber Aventinus im 16. Jahrhundert mit »Wehr, Schutz und Hut des Landes« – entsprechend war damit anfangs nicht nur die Stadt gemeint, sondern auch die Burg, ein durch Herzog Ludwig errichteter Wehrbau. Siedlung und eine Festung gab es allerdings schon früher: In einem Traditionsbuch (Schenkungsbuch), des Hochstifts Freising taucht bereits um 1150 eine Hedwig »de Lanthut« auf, wenige Jahre später wird ein Heinrich »de Landeshute« erwähnt. Bei Ausgrabungen gefundene Keramik wird gar bis ins 9./10. Jahrhundert zurückdatiert.

Einen ersten Dämpfer erhielt Landshut im Jahr 1253, als der Sohn des Stadtgründers, Bayernherzog Otto der Erlauchte, starb. Seine zwei Söhne teilten das Herzogtum unter sich auf: Ludwig II., genannt der Strenge, zog nach München und herrschte über Oberbayern. Sein Bruder Hein-

Rathaus Landshut.

rich XIII. blieb in Landshut und regierte Niederbayern. Erst Kaiser Ludwig der Bayer fasste 1340 ganz Altbayern wieder unter einer Herrschaft zusammen. Seinen Herrschaftsmittelpunkt aber verlegte er in seinen Geburtsort München. Als seine Söhne und Enkel Bayern erneut unter sich aufteilten, wurde Landshut immerhin Hauptstadt des Teilherzogtums Bayern-Landshut. Die Herzöge von Bayern-Landshut brachten mit der Zeit auch das Teilherzogtum Bayern-Ingolstadt und Teile von Bayern-Straubing unter ihre Kontrolle. 1385 begannen die Landshuter mit dem Bau der Martinskirche. Ihr Turm mit etwas mehr als 130 Metern ist der höchste aus Ziegelsteinen erbaute Turm der Welt.

Und unter den »Reichen Herzögen« Heinrich XVI., Ludwig IX. und Georg lief Landshut im 15. Jahrhundert selbst München den Rang ab. Intern aber führten die Herzöge ein hartes Regiment. Versuche der Landshuter Bürger, politisch mitzureden, unterband Heinrich XVI. bereits im Ansatz. 1408 ließ er den

Alle vier Jahre ein großer Zuschauermagnet: die Landshuter Hochzeit.

aufmüpfigen Stadtrat und weitere Bürger verhaften und aus der Stadt verbannen, ihr Vermögen zog er ein. Zwei Jahre später unterdrückte er blutig eine mutmaßliche Verschwörung Landshuter Händler und Handwerker. Zugleich aber förderten die Herzöge ihre Hauptstadt durch Handelsprivilegien.

Ein Höhepunkt der Geschichte Landshuts war die Hochzeit von Ludwigs IX. Sohn Georg mit dessen Kusine, der polnischen Königstochter Hedwig, im Jahr 1475. Die gesamte Prominenz des Reiches kam zum Hochzeitsfest, allen voran Kaiser Friedrich III. Das Fest dauerte eine knappe Woche. Um die Gäste zu verköstigen, sollen etliche Hundert Ochsen und Schafe auch auf Flößen in die Stadt gebracht worden sein. Seit 1903 wird die »Landshuter Hochzeit« alle vier Jahre nachgespielt.

Die Regentschaft des Bräutigams Georg markiert das Ende des Landshuter Höhenflugs. Denn einen männlichen Thronfolger bekam das Paar nicht. Als Georg 1503 starb, beanspruchten die Münchner Verwandten das Herzogtum und setzten ihre Ansprüche am Ende mit Waffengewalt durch. Die Stadt blieb zwar ein Verwaltungszentrum, der Glanz einer Hauptstadt aber verblasste. Nur noch einmal regierte ein Herzog in Landshut: Albrechts Sohn Ludwig X. Sein älterer Bruder Wilhelm IV. ließ Ludwig gewähren. Ludwig X. lockte Künstler in die Stadt und ließ eine prächtige Stadtresidenz im italienischen Stil errichten, eine der ersten Renaissancebauten nördlich der Alpen. In dieser Zeit bürgerte sich der Name »Trausnitz« für diese Festung ein. Das Wort leitet sich vom Mittelhochdeutschen »Trau sie nit« ab, was so viel bedeutet wie »Wage nicht, sie anzugreifen«. »Landshut« hieß fortan nur noch die Stadt, nicht mehr die Burg. Einen männlichen Erben jedoch bekam auch Ludwig X. nicht. Nach seinem Tod 1545 fielen Niederbayern und Landshut zurück an München. Landshut war in den folgenden Jahrhunderten ein Nebenschauplatz der bayerischen Geschichte.

Herzog Wilhelm V. trug in Landshut ein Kunst- und Kuriositätenkabinett zusammen, ließ die Trausnitz von der Trutzburg zum Schloss ausbauen und auf dem Hofberg

Lustgärten anlegen. Herzog Maximilian verlegte das Kollegiatsstift Sankt Kastulus von Moosburg nach Landshut und ernannte St. Martin zur Stiftskirche. Kurfürst Maximilian IV. Joseph verlegte 1800 die nach ihm benannte Ludwig-Maximilians-Universität aus Ingolstadt nach Landshut und nach der Säkularisation ins ehemalige Kloster Seligenthal. Aber unter König Ludwig I. wurde sie 1826 nach München verlegt.

In den Kriegen der nächsten Jahrhunderte wurde Landshut wiederholt geplündert und verheert. Im Dreißigjährigen Krieg verwüsteten schwedische Soldaten die Stadt, zudem brach die Pest aus. An der Seuche und an Hunger starben ein Drittel der Bewohner. Im frühen 19. Jahrhundert wütete dann die Soldateska Napoleons in der Stadt.

Am 21. Oktober 1961 musste Landshut erneut einen schweren Schlag verkraften: Was Feinde jahrhundertelang nicht gewagt oder zustande gebracht hatten, gelang nun einem unbewachten Tauchsieder: Große Teile der Trausnitz brannten nieder. Der Wiederaufbau zog sich über viele Jahre hin. Seitdem wird die Burg als Archiv und als Museum genutzt.

Heute ist die kreisfreie Stadt Landshut eine wohlhabende Stadt. 1858 wurde Landshut ans Eisenbahnnetz angeschlossen, im Zweiten Weltkrieg wurde die Stadt kaum zerstört. Seitdem ist Landshut von knapp 45 000 Einwohnern auf mehr als 70 000 Menschen stark gewachsen, auch durch Eingemeindungen. Seit 1978 ist Landshut Hochschulstadt: In dem Jahr wurde die Fachhochschule Landshut gegründet. Größter Arbeitgeber sind die Bayerischen Motorenwerke, die 1967 ein Werk in Ergolding eröffneten.

Flöße für Landshut

Vor dem »Ländtor« landeten einst Flöße aus München und dem Oberland an. Die befestigte Stadtlände begann unmittelbar an der unteren Seite der Ländbrücke und endete

Burg Trausnitz.

abwärts am rechten Isar-Ufer. Falls die Lände belegt war, gab es eine »Nothlände«. Sie befand sich ebenfalls am rechten Isarufer oberhalb der Ländbrücke. Dort durften die Flöße aber nur halten und mussten warten, ohne ihre Ladung löschen zu dürfen.
Bereits im 13. Jahrhundert wurde Tiroler Obst zur Landshuter Lände geflößt. Mit Venedig, wo im »Fondaco dei Tedeschi« (Warenbörse der Deutschen) deutsche Händler wie die Fugger Niederlassungen hatten, unterhielt die Stadt einen direkten Warenverkehr. Regensburger Kaufleute ließen ihren Südtiroler Importwein bis Landshut auf Flößen bringen und dort auf die Achse verladen. Am 27. April 1405 bat der Landshuter Rat den Münchner Rat, 16 Kalkflöße, die sein Werkmeister Heinrich Tabenauer in Tölz eingekauft hatte, ungehindert – gemeint war ohne anzulanden und ohne die dreitägige Stapelpflicht – passieren zu lassen. Die Münchner Floßstange von 16 Schuh als Breitenmaß für die Flöße blieb im Isarwinkel in Geltung, Landshut setzte ihr bald eine Landshuter Stange entgegen. Schon um 1420 beschwerten sich die Münchner Floßleute darüber, dass die Stadt Landshut ihnen die Breite ihrer Flöße vorschreibe. Die Landshuter seien einem anderen Fürsten untertan und könnten ihnen keine Vorschriften machen. 1467 bequemte sich der Münchner Rat zur Einführung der »Landshuter Stange« für die Flößerei isarabwärts. Kaufe einer in München ein Floß nach der Münchner Stange, hieß es, er solle von seinem Floß einen Baum ablösen, hinten anhängen, auf das Floß legen oder

Das Ländtor in Landshut.

hierlassen, weil die Brücken zwischen München und Landshut »in der Nau«, in der Fahrrinne, zu eng seien und man mit der »Münchner Stange« ohne Schaden nicht durchfahren könne.
Verglichen mit anderen Städten an der mittleren und unteren Isar liegt Landshut recht nahe am Fluss – ein Vorteil für die Flößerei. Nachteil: Die Stadt litt unter Überschwemmungen. Bei dem Winterhochwasser 1671 riss ein gewaltiger Eisstoß nicht nur alle Flöße und Fischbehälter an beiden Ufern der Isar hinweg, sondern führte auch die Neu- und die Ländbrücke, den Hammersteg und die Innere- und Spitalbrücke mit sich fort.
Laut Länd-Ordnung der kgl. Kreis-Hauptstadt Landshut von 1861 war es bei Geldstrafe von fünf Gulden verboten, unterhalb des Landshuter Floßablasses anzulanden. Nur den Ordinari-Flößen, die jeden Dienstag ankamen, war es gestattet. Eigene Plätze wurden für das königliche und städtische Bauwe-

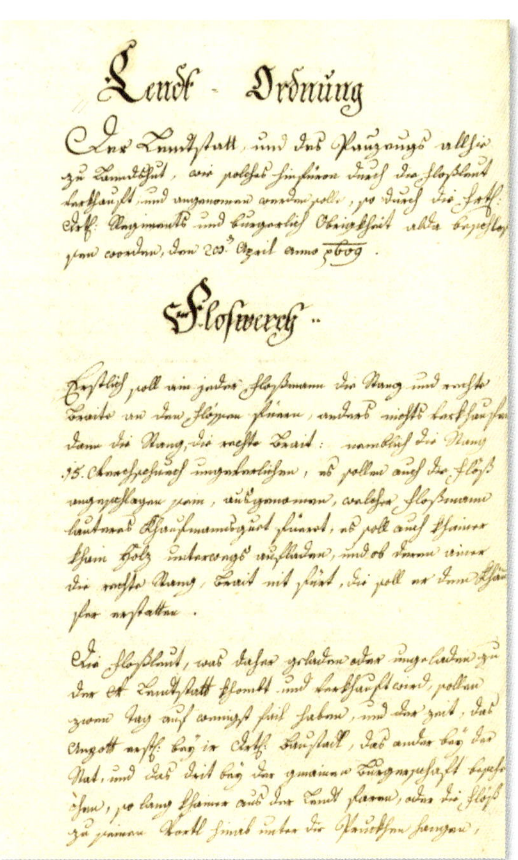
Lendt - Ordnung

Floßwerch

Ländordnung von 1609.

sen zum Ausladen von Kalk und Brettern und zum Ausschleifen der Floßbäume ausgewiesen. Die Ausweisung einer befestigten Lände wurde notwendig, da Anlandeversuche an unbefestigten Stellen die Ufer schädigten. Außerhalb des Ländbereichs war das Anlanden verboten, aber es gab auch eine Notlände, falls die Hauptlände belegt war. Von Flößen, die länger als 15 Meter waren, verlangte die Stadt Landshut laut Ländordnung von 1843 doppelt so viel Ländgebühr wie von kürzeren. Das Messen von Kalk und Kohlen blieb dem amtlich verpflichteten Ländpersonal mit geeichtem Maßgeschirr vorbehalten und war gebührenpflichtig. Die Befolgung der Ländordnung überwachte der Ländhüter. Er half auch beim Ausladen, damit die Lände schnellstens wieder frei wurde. Er war zudem berechtigt, alkoholisierte Flößer an der Abfahrt zu hindern – Alkohol am Steuer war auch damals schon untersagt. Die Weiterfahrt zur Donau dauerte rund zwölf Stunden – je nach Wasserstand: Je mehr Wasser, desto schneller das Floß. Eine weitere Floßlände befand sich in Niederaichbach direkt bei der Aichbachmündung – zum Beispiel 1783 heißt es, dass der Tölzer Floßmeister Martin Leismüller 12 Panzen Kalk zum Preis von elf Gulden für die Restaurierung der Kirche von Reichersdorf-Niederaichbach lieferte.

Floßarbeit am Theater und Bernlochners Gasthaus. Stahlstich von Poppel Würthle, um 1880.

Maxwehr mit Floßgasse (rechts) und Oberpostamt, um 1910.

 TIPPS ZU LANDSHUT

Sehenswert: Burg Trausnitz (älteste erhaltene Burg der Wittelsbacher) mit »Kunst- und Wunderkammer, Burg Trausnitz 168 • Stiftsbasilika St. Martin, Martinsfriedhof 219 • Abtei Seligenthal (Grablege des niederbayerischen Herzogshauses), Bismarckplatz 14 • Außentor (Zwinger) des Ländtors, Theaterstraße 61 • Ländgasse, Burghauser Tor, Nähe Alte Bergstraße • Kirche St. Blasius, Regierungsplatz 567 • Museum in der Stadtresidenz (erster Renaissancepalast nördlich der Alpen), Altstadt 79 • LANDSHUTmuseum mit KASIMIR (Kinder-) Museum, Alter Franziskanerplatz 483 • Aussichtspunkt Carossahöhe, Carossaweg • Landestheater Bayern, Niedermayerstraße 101 • St. Nepomuk-Statue (Brücken- und Flößerheiliger), Zweibrückenstraße (Spitalerbrücke)
Ereignisse: »Landshuter Hochzeit« (alle vier Jahre)
Gastronomie: »Augustiner« an der St. Martinskirche, Kirchgasse 251 • Tafernwirtschaft »Schönbrunn«, Schönbrunn 1 • »Zollhaus«, Äußere Münchener Straße 83 (Biergarten!) • »Wirtshaus zum Hofreiter«, Neustadt 505 • »Isar Klause«, Ländgasse 124 (Terrasse zur Isar) • »Weißes Bräuhaus zum Krenkl«, Altstadt 107 • Biergarten Ellermühle, Ellermühle 8
Freizeit: Schwimmbad, Dammstraße 28 • Spielplatz, Hofgarten • Erlebnisrundpfad »Naturerlebnis Mittlere Isarau«, Start/Ziel Gutenbergweg
Nützlich: Rathaus (Prunksaal) mit Tourist-Info, Altstadt 315 • Klinik Robert-Koch-Straße 1 und Prof.-Buchner-Straße 22 • Polizei, Neustadt 480
Ois fürs Radl: Radreparaturstation Landshut Park, Am Lurzenhof 1 (bei den Fahrradständern) • Radl-Station, Bahnhofplatz 1 • Fahrradhandlung Eckert, Zweibrückenstraße 676 • Velodrom Radsportbedarf, Querstraße 29 • fala-Fahrradhilfe, Siemensstraße 15b • Zweirad Pritscher e.K., Neue Bergstraße 10

Landshut Umland
Sehenswert: Historisches Fahrradmuseum, Auenstraße 5, 84079 Bruckberg, Besichtigung nur mit Termin, Telefon: 0177-4724358 • Schloss Bruckberg, Bahnhofstraße 22, 84079 Bruckberg • St. Johann Baptist, Pfarrstraße 12, 84174 Eching • Echinger Stausee • Museum, 84032 Altdorf, Weinbergstraße 1 • Altheimer Stausee, Kanalstraße • Stausee Niederaichbach, Landshuter Straße • Wörther See • Archäologisches Museum im Heimathaus, Rathausplatz 14, 84051 Essenbach • Kneippanlage, Kanalstraße, 84109 Wörth an der Isar
Gastronomie: »Zum Binderbräu«, Hauptstraße 60, 84100 Niederviehbach
Ois fürs Radl: Radsport Josef Angermeier, Heckenstraße 12, 84079 Bruckberg • Zweiradmechanikermeister, Landshuter Straße 3, 84079 Bruckberg • Radlbauer, Industriestraße 41, 84030 Ergolding • Zweiradsport Baier, Feldbachstraße 1, 84036 Kumhausen • Radmarkt Gürtner, Moosstraße 32, 84032 Altdorf • Hapebikes, Brennerweg 5, 84100 Niederaichbach

Landkreis Dingolfing-Landau

Die liebliche Hügellandschaft und die Ebene des Isartals mit seiner renaturierten Isar laden im niederbayerischen Landkreis Dingolfing-Landau zum entspannten Wandern und Radeln ein. Neben der Isar wird der Landkreis von der Aitrach und der Vils durchzogen, alle drei sind Nebenflüsse der Donau. Hier ist ein Radler-Paradies mit 540 Kilometern an Radwegen, Radtouren und 16 Rundtouren. Überregional bekannt sind das Freizeitparadies Bayern-Park oder das Erlebnis- und Wellnessbad »Caprima« in Dingolfing. Das Gebiet des heutigen Landkreises Dingolfing-Landau gehörte schon früh zu Bayern. 1803 wurde im Kreisgebiet das Landgericht Landau an der Isar errichtet. Die bisher eigenen Landkreise Dingolfing und Landau wurden 1973 bei der Gebietsreform zusammengefügt und erhielten den Namen Dingolfing-Landau.

Dingolfing

Der besondere Charme Dingolfings kommt nicht zuletzt vom gelungenen Dreiklang aus Natur, Kultur und Industrie. Modern und weltoffen, das ist Dingolfing heute nicht nur, sondern Zeitzeugen aus Mauern und Stein berichten von den längst vergangenen Zeiten der im Kern mittelalterlichen Stadt. Hier finden sich moderne Architektur gepaart mit aufwendig renovierten, historischen Bauten, modernste Arbeitsplätze und leistungsstarke Wirtschaftsunternehmen inmitten einer abwechslungsreichen Freizeitlandschaft. Die jüngere Geschichte Dingolfings ist zu weiten Teilen eine Geschichte des Autobaus – Dingolfing ist heute eine Autostadt mit dem europaweit größten BMW-Werk. Der Autobauer hat Dingolfing zu einer der reichsten Kommunen in Deutschland gemacht – und das Werk alleine ist fast so groß wie die Stadt: Dingolfing zählte 2019 knapp 20000 Einwohner – und im

Niederviehbach mit Kloster.

Dingolfing, 2017.

BMW-Werk arbeiteten etwa 18000 Menschen, plus mehr als 800 Auszubildende.

Die Stadthistorie geht bis auf das frühe Mittelalter zurück mit dem ältesten Teil, der »Unterstadt« um den heutigen Marienplatz und die Pfarrkirche Sankt Johannes rechts der Isar. Es gab hier wohl einen Gutshof der bayerischen Herzöge aus dem Stamm der Agilolfinger. Der Name »Dingolfing« weist auf einen Gründer hin, der einen Namen wie »Thingolf« getragen hat. Der Ort, der Schauplatz von Kirchensynoden war, unterstand später den Bischöfen von Regensburg-Sankt Emmeram. Handschriften aus dem 11. und 12. Jahrhundert deuten darauf hin, dass Dingolfing bereits seit dem späten 8. Jahrhundert existiert; die älteste erhaltene Urkunde, die in der »Tinguluinga« auftaucht, stammt aber aus dem Jahr 833. Ludwig der Deutsche, damals bayerischer Unterkönig innerhalb des ostfränkischen Reiches, bestätigte hier dem Bischof Baturich von Regensburg den Besitz einer Kirche in Dingolfing.

Trotz dieser Urkunde gilt jedoch das Jahr 1251 heute als offizielles Gründungsjahr Dingolfings. Das hat mit der frühen Geschichte der Stadt zu tun – denn früher gab es nicht eine Siedlung, sondern zwei, und die Altstadt ist nach wie vor zweigeteilt. Auf einem Hügel oberhalb der älteren Unterstadt erhebt sich die »Oberstadt«. Sie ist mit der übrigen Stadt durch einen einzigen Weg verbunden und gesichert durch den Reiserbogen, ein innerstädtisches Tor. Diese Oberstadt hat 1251 ein Wittelsbacher gegründet, Herzog Otto II. der Erlauchte von Bayern – und zwar offensichtlich in Konkurrenz zur hangabwärts gelegenen Ortschaft des Bischofs. Herzog und Bischof standen sich hier feindselig gegenüber, bis die beiden 14 Jahre später einen Vertrag schlossen. Unter- und Oberstadt verschmolzen daraufhin zu einer einzigen Stadt.

Dingolfing war jahrhundertelang eine blühende Stadt der Händler und Handwerker. Gehandelt wurde vornehmlich Salz, das mithilfe von Flößen auf der Isar transportiert wurde. Die Handwerker wiederum fertigten hauptsächlich Textilien oder verarbeiteten Leder. 1274 erhielt die Ortschaft das Stadtrecht, in den folgenden Jahren wurden die Unter- und die Oberstadt von einer gemeinsamen wehrhaften Mauer aus Backsteinen umfasst, die das Stadtbild bis ins 19. Jahrhundert prägte.

Die Doppelstadt auf der Terrasse des rechten Isarufers lag an einer Isarbrücke, die Straßen von Regensburg und Straubing überquerten sie nach Mühldorf und Altötting. Dingolfing wurde zur Mautstadt und die Isarbrücke strategischer Übergang. Seine Blütezeit erlebte Dingolfing ab der Mitte des 14. Jahrhunderts, als die Stadt den Herzögen von Bayern-Landshut unterstand. Der Reichtum von einst ist noch immer sichtbar: 1467 begannen die Bürger mit dem Bau der heutigen Johanneskirche, einer der prächtigsten spätgotischen Kirchen in Altbayern. Und bereits 1410 ließen die Herzöge ein Wohn- und Amtsgebäude in Dingolfing errichten, die sogenannte Herzogsburg. Heinrich XVI. der Reiche von Bayern etwa nutzte die Stadt gerne als Ausgangspunkt für Jagdausflüge. Die Jagd lockte später auch die Münchner Herzöge im-

Storchenturm und Wehrgang in Dingolfing.

mer wieder nach Dingolfing. 1475 schlief gar Kaiser Friedrich III. in dem Gebäude; er machte Station auf der Rückreise von der Landshuter Hochzeit nach Wien. Seit 1959 beherbergt die Herzogsburg das Heimatmuseum.

Ab dem 17. Jahrhundert ging es allerdings lange bergab. Im Dreißigjährigen Krieg besetzten und plünderten die Schweden die Stadt. Und im Österreichischen Erbfolgekrieg geriet Dingolfing zwischen die Fronten der Österreicher und der mit Bayern verbündeten Franzosen. Im Jahr 1743 stand die Stadt in Flammen. Im 19. Jahrhundert litt Dingolfing immer wieder unter verheerenden Hochwassern.

1866/68 erfolgte ein Neubau der Isarbrücke, für den Unterhalt wurde ein staatliches Baumagazin errichtet – der Bruckstadel. 1880 zerstörte der Fluss sämtliche Isarbrücken zwischen Landshut und Plattling. In früherer Zeit waren die Brücken alle aus Holz erbaut. Die Konstruktionsart der Brücken orientierte sich im Bereich der Isar an der Flößerei. Von diesen Schlägen erholte sich Dingolfing erst wieder, nachdem die Stadt ebenfalls 1880 an das Eisenbahnnetz angeschlossen worden war. Dank der Schienen siedelten sich neue Betriebe an, und in den folgenden Jahrzehnten wurde Dingolfing zu dem, was die Stadt heute ist: ein Zentrum der Industrie.

Besonders folgenreich war, dass die 1863 in Freising gegründete Landmaschinenfabrik Glas 1908 ihr Werk aus dem wenige Kilometer isarabwärts gelegenen Pilsting nach Dingolfing verlagerte. Die Firma Glas entwickelte sich in den 1930er-Jahren zum größten Hersteller von Sämaschinen in Europa. Nach dem Zweiten Weltkrieg lief 1951 der erste Glas-Motorroller vom Band, der sogenannte »Goggo-Roller«, benannt nach dem Spitznamen des Enkels des Firmenchefs Hans Glas. Und als sich das Wirtschaftswunder bemerkbar machte, fertigte Glas eine Karosserie mit vier Rädern für seine Roller: Fertig war das »Goggomobil«, es war der erfolgreichste Kleinwagen der Nachkriegszeit: Glas verkaufte mehr als 300 000 Stück. Langfristig konnte sich der Familienbetrieb Glas nicht gegen die kapitalstärkere Konkurrenz behaupten: 1967 verkaufte Glas an BMW.

Die Isarbrücke, am 30. April 1945 von der abziehenden Wehrmacht gesprengt, wurde 1956/57 neu gebaut und 1999 durch eine neue Brücke ersetzt. Eine zweite Brücke wurde 1971/1973 errichtet, eine dritte 2000/2002.

Flöße an der Lände

Die Flöße, die Dingolfing passierten, trugen Holz, Gips und Schleifsteine. An der Dingolfinger Lände wurden ebenfalls Waren angeliefert, Handwerker reparierten die Flöße. »Die Floßleute kehrten gern in den lokalen Wirtshäusern ein, wo Floßmodelle ihre Stammtische bezeichneten.«

1805 suchte der Fischkäuferssohn Schiegl in Dingolfing um eine Ländehüterkonzession nach, weil wohl in Freising, Moosburg, Landau Ländehüter seien, aber keiner in Dingolfing, und ein solcher hier wegen der von München ankommenden Flöße notwendig sei. Die Ländehüter besaßen das Recht, mit Brettern, Kalk und Gips zu handeln. Das Landgericht Landau verneinte das Bedürfnis und lehnte das Gesuch ab. 1837 gab es einen Floßhändler Thomas Schiegl, und 1853 wird als Floßmeister Ferdinand Seethaler genannt. In der Flößerei fanden die Fischer lohnenden Nebenverdienst im »Wassergeschäft«, sie lernten Land und Leute von der »Weanerstadt« (Wien) kennen, aber auch die Gefahren vom »Strudel«. Am 6. März 1767 schreibt der geheime Hofkämmerer Franz Kohlbrenner im Auftrag des Kurfürsten Maximilian III. Josef an Rat

Votivtafel der Tuchmacherin Maria Susana Berin, die 1791 nach einem Floßunglück gerettet wurde.

Dingolfing um 1600. Kupferstich von Carl August Lebschée nach Hans Donauer dem Älteren (um 1521–1596), 1871.

und Bürger in Teisbach, dass es dem Herzog missfallen habe, dass die Baumaterialien sehr hoch im Preise gestiegen seien, was daher komme, dass die Flößer teils aus übertriebener Gewinnsucht, teils aus Mangel des inländischen Verschleißes ihrer Flöße dasjenige, was sie beim Holzverkauf nicht bekommen, auf die Baumaterialien schlagen. Ämter, Städte und Märkte, die nicht mit dem nötigen Material versehen sind, müssen in Notfällen, wie Wassereinbruch, Brückenschäden, unter anderem das Baumaterial überzahlen. Aus landesväterlicher Sorgfalt hat deshalb der Herzog bei Hofkirchen bei Vilshofen einen Holzgarten anlegen lassen. Dort konnten die Flößer, welche Steine, Kohlen, Lohe, Bretter usw. mitführten, die Flöße verkaufen, jedoch um billigen Preis. Das Floßholz wurde den Ämtern, Städten und Märkten im Bedarfsfall zur Verfügung gestellt und konnte so billig erworben werden. Die Flößer mussten aber in allen Städten und Märkten landen und ihre Ware anbieten und durften erst weiterfahren, wenn sie die Bescheinigung erhalten hatten, dass kein Bedarf an Baumaterialien bestehe. Durch den herzoglichen Holzgarten aber war den Flößern die Möglichkeit gegeben, am Ende ihrer Fahrt das Floß selbst zu verkaufen.

Flößerei-Unglück von 1661: Notiz im Sterbebuch der Pfarrei Loiching. Dort wurden elf Personen aus Mamming begraben, die am 8. Juni mit dem Floß bei Niederviehbach gescheitert waren und vom 8. bis 15. Juni aufgefunden wurden. Unglück bei der letzten Johannisfahrt von Dingolfing: Der Dingolfinger Chronist Joseph Sixt berichtet von einem Unglücksfall, der diesen Fahrten ein baldiges Ende bereitete: »Als 1861 in später Nachtstunde der gezierte, glänzend erleuchtete Johannesfloß von Teisbach herab gegen die Isarbrücke gefahren kam, ging dieser glücklich durch; ein nachfolgender Kahn aber, der neun Mann trug, geriet in Folge schlechter Führung an ein

Joch, stürzte um, und unter den Schreckensrufen der Zuschauer, die nach Hunderten auf der Brücke standen, fiel die ganze Bemannung ins Wasser. Ein schauriges Dunkel lag über dem Flusse, mit dessen unheimlich rauschenden Wellen die Verunglückten um ihr Leben kämpften. Alle konnten das rettende Ufer erreichen. Es war dies die letzte Fahrt zu Ehren St. Johannes Nepomuks.«

TIPPS ZU DINGOLFING

Sehenswert: Herzogsburg mit Stinkerturm (ehem. Gefängnis), Obere Stadt 15 • Stadtmuseum, Obere Stadt 19 • Wollertor (frühes 16. Jahrhundert), Marienplatz 1 • Markttor, Marktplatz 2 • Wehrturm der Stadtbefestigung, Kirchgasse 3 • Schmiedturm, Obere Stadt 16 • Schloss Teisbach, Schloßweg • Pfarrkirche St. Johannes, Pfarrplatz 9 • Dreifaltigkeitskapelle (Schusterkapelle), Pfarrplatz 9a • St. Anton, Bahnhofstraße 53 • St. Leonhard, Oberdingolfing • Reste der Stadtbefestigung, Obere Stadt 16 • Hochbrücke (1612) mit Nepomuk-Bildstock (Brücken- und Flößerheiliger) • Franziskanerkloster und Wallfahrtskapelle Geißlung Christi, Geißlung 12 • ehem. Amtsgerichtsgebäude mit Storchenturm, Obere Stadt 14
Gastronomie: »Zur Post«, Marktplatz 6 • Restaurant »Schmankerl«, Marienplatz 19 • »Bubenhofer«, Speisemarkt 4 • »Schwaiger Bierstüberl« (Das Blaue Haus), Kreuzstraße 8 • »Wirgarten«, Obere Stadt 8
Freizeit: Schwimmbad »Caprima«, Stadionstraße 44 • Indoorspielplatz »DingoBurg«, Römerstraße 15a • Stausee Dingolfing
Nützlich: Rathaus und Stadthalle, Dr.-Josef-Hastreiter-Straße 2 • Info-Zentrum mit Tourist-Info: Bruckstadel Fischerei 9 • Polizei, Dr.-Josef-Hastreiter-Straße 19 • Klinik, Teisbacher Straße 1 • Bibliothek, Marienplatz 2
Ois fürs Radl: Zweiradcenter Dingolfing, Schwaiger Straße 67 • Cube Store, Aitrachstraße 16 • Markenfahrräder Tallafuß, Bahnhofstraße 5

Erlebnis- und Wellnessbad »Caprima«.

Dingolfing Umland
Sehenswert: Nepomuk-Kapellen in Loiching (Isarbrücke) und Mamming
Gastronomie: »Sigl«, 84180 Loiching, Hauptstraße 12 • »Zur Alten Mühle«, 94437 Mamming, Gottfriedinger Straße 22 • Landgasthof »Apfelbeck«, 94437 Mamming, Hochgarten 2 • »Besche«, 94437 Mamming, Schwaigener Straße 18 • »Kirchenwirt«, Friedhofstraße 5, 84183 Niederviehbach
Ois fürs Radl: Radwerkstatt Zweirad Buchner, 84180 Loiching, Schönbühler Straße 12

Landau

Die Bergstadt Landau an der Isar liegt reizvoll direkt am Isarhang. Die älteste Stadt im Landkreis teilt sich auf in Untere Stadt und Obere Stadt, in der sich auch die Altstadt befindet. Landau hat eine wechselvolle Geschichte, denn sie ist wiederholt von verheerenden Katastrophen heimgesucht worden. Stadtpfarrkirche St. Mariä Himmelfahrt gilt als der schönste und größte barocke Kirchenbau im unteren Isartal. Herrliche Ausblicke über das Isar- und Donautal hat man vom Bockerlbahn-Radweg, einer ehemaligen Bahnstrecke, die zu einem beliebten Geh- und Radweg umgebaut wurde. Er führt vom Landauer Bahnhof bis ins Rottal. Gleich zu Beginn passiert er die »Bockerlbrücke«, eine eiserne Ständerbogenbrücke, die bei ihrem Bau 1903 die längste selbsttragende Stahlbrücke Bayerns war. In der Altstadt ist die typische Wittelsbacher Stadtanlage, ein Straßenkreuz aus Hauptstraße-Marienplatz und Oberer Stadtplatz-Ludwigstraße, noch heute gut zu erkennen.

Landau liegt in uraltem Siedlungsgebiet. Die ältesten Funde auf dem heutigen Gemeindegebiet reichen bis in die Steinzeit zurück. Im nahen Kothingeichendorf stand in der Jungsteinzeit eine Kreisgrabenanlage, vergleichbar mit Stonehenge, nur rund zwei Jahrtausende älter! Auch in keltischer Zeit war die Gegend bewohnt. Schriftliche Zeugnisse existieren seit dem hohen Mittelalter. Die Geschichte Landaus reicht also weiter zurück, als das offizielle Datum der Ortsgründung 1224. In jenem Jahr gründete Herzog Ludwig I. der Kelheimer ein »oppidum« (kleiner stadtähnlicher Markt). Die heutige Obere Stadt lag oberhalb der älteren, bestehenden Siedlung am Fluss. Mit der Unteren Stadt war die neue, befestigte Stadt durch einen durch Mauern und Tore gesicherten Weg zu erreichen.

Mit der Gründung Landaus bot sich für Ludwig eine weitere günstige Gelegenheit, seine eigene Kontrolle über die Region zu festigen. Aus demselben Grund hatte er 1204 bereits Landshut gegründet und 1218 Straubing. Ludwig sicherte sich mit Landau einen Stützpunkt, der nicht nur an einer lukrativen Kreuzung von Fluss- und Landstraße lag, sondern auch strategisch günstig und leicht zu verteidigen auf dem Hochplateau an der Grenze zwischen den Bistümern Passau und Regensburg. Herzog Ludwig

förderte seine Stadt entschlossen. Er ließ eine eigene Pfarrkirche bauen und verlieh Landau Rechte wie etwa das Fischereirecht, das er dafür dem benachbarten, älteren Usterling entzog. Otto III. und Stephan I. von Niederbayern verliehen Landau 1304 das Stadtrecht.

In den folgenden Jahrzehnten blühte Landau auf. Die Stadt liegt am südlichen Rande des Gäubodens, einer fruchtbaren Ackerbau-Region, die damals einer der am dichtesten besiedelten Landstriche Europas war. Landau wurde zum überregional bedeutenden Umschlagplatz für Getreide, nicht zuletzt für kostbaren Weizen. Das Landauer Getreidemaß galt in weiten Teilen Altbayerns, die Landauer Dult war der größte Markt zwischen Regensburg und Linz. Unter der Herrschaft der Reichen Herzöge von Niederbayern war Landau die drittfinanzstärkste Stadt in Niederbayern, übertroffen nur von der Hauptstadt Landshut sowie von Neuburg am Inn, wo die Salzschiffer Zoll abführen mussten. Doch diese Blüte endete abrupt am 29. Juni 1504. Im Landshuter Erbfolgekrieg wurde die Stadt niedergebrannt und fast vollkommen zerstört. Dabei verlor sie ihr mittelalterliches Gepräge. Götz von Berlichingen, in den Reihen der Belagerer, nannte Landau gar »ein faules Nest«.

Nächstes Unglück: 1713 wütete die Pest in der Stadt. Die zweite Zer-

Landau mit Isarbrücke.

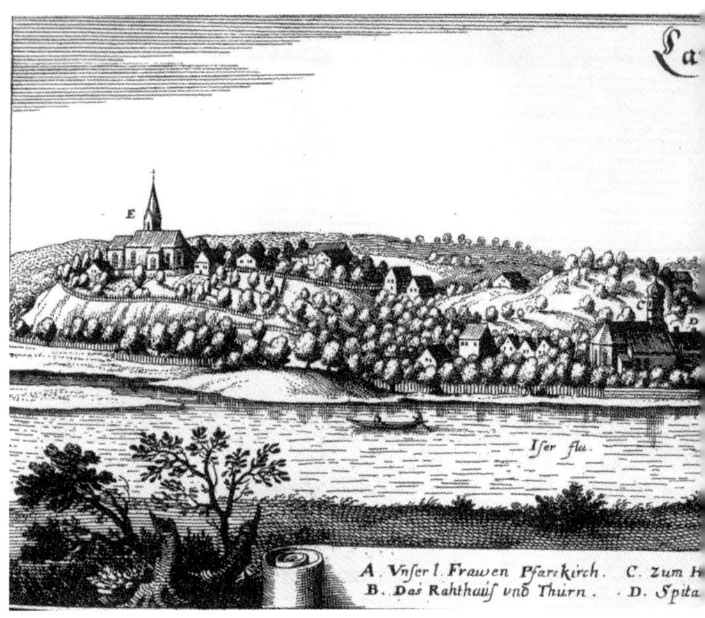

Stadtansicht von Landau, Kupferstich Matthäus Merian (1665); rechts: Floßlände und Flöße.

störung folgte 1743, als die Stadt im Österreichischen Erbfolgekrieg in Schutt und Asche gelegt wurde. Die österreichischen Belagerer beschossen die Stadt mit Feuerkugeln. Zusätzlich steckten die französischen Besatzer die Stadt in Brand. Der Wiederaufbau Landaus zog sich über viele Jahre hin; der Reichtum der Stadt war vergangen. Das Unglück setzte sich fort: 1721 ein verheerendes Unwetter, 1749 eine Heuschreckenplage. Kurfürst Maximilian III., der Vielgeliebte, von Bayern bemühte sich um den Wiederaufbau.

Die fürstlichen Salzämter wurden angewiesen, Geld in die verarmte Stadt abzuführen, die Einwohner durften einen eigenen Bierpfennig erheben und zusätzliche Märkte abhalten. Auch Steuern und Rückstände wurden den Landauern erlassen. Selbst Kaiserin Maria Theresia ließ den Landauern 600 Dukaten zukommen.

Der Fortschritt hielt Einzug 1875: Da wurde Landau ans Eisenbahnnetz angeschlossen. Im Zweiten Weltkrieg wehrten sich die Landauer gegen die anrückenden US-Amerikaner. Die SS sprengte auch die 1907 errichtete, filigrane eiserne Landauer Isarbrücke. Sie wurde 1952 wieder instand gesetzt. Das Rathaus wurde durch amerikanischen Beschuss zerstört.

Nach dem Krieg wuchs die Stadt durch Heimatvertriebene. Bis 1972 war Landau Kreisstadt eines eigenen Landkreises. Seit der Gebietsreform ist sie Teil des von der Nachbarstadt aus verwalteten Kreises Dingolfing-Landau.

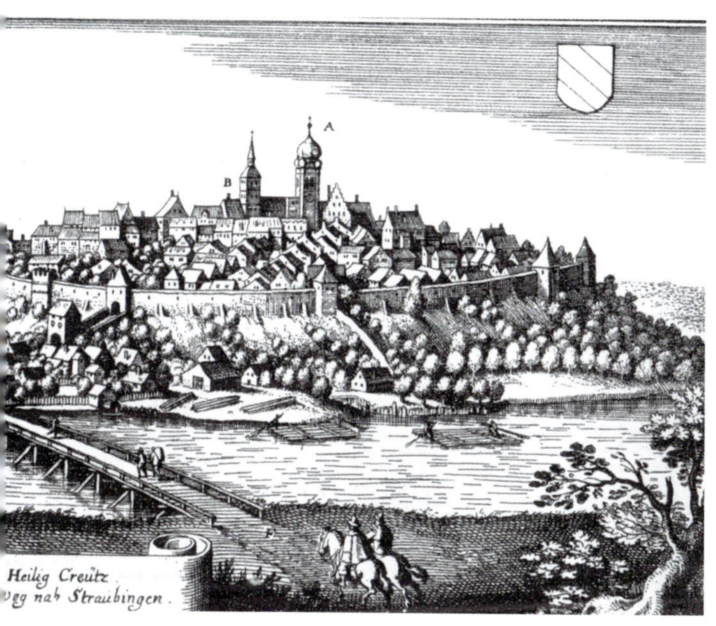

Freudig begrüßte Flöße

Durchschnittlich zehn Flöße dürften täglich in Landau eingetroffen sein, von denen viele hier anlegten und für eine Nacht festmachten. Darunter waren auch die Ordinari-Flöße, die in München starteten und in Landau einen Tag später eintrafen. Sie wurden von Schaulustigen, aber auch den Wirten in der Unteren Stadt stets freudig begrüßt. Allerdings verfasste G. Steingruber, königlicher Landgerichtsassessor am 27. September 1823 in Straubing folgende Notiz:

»Der Unterzeichnete, welcher 2 ¼ Jahre lang als Aktuar (= Gerichtsangestellter) beim königlichen Landgericht Landau angestellt war, kann mit gutem Gewissen bezeugen, daß er während seines Aufenthaltes in Landau von Reisenden, vorzüglich aber von solchen, welche mit dem auf der Isar gehenden Floße daselbst angekommen sind, oft die bittersten Klagen darüber gehört hat, daß man solche Fremde in den Brau- und Wirtshäusern zu Landau über Nacht nicht beherbergen wolle, und daß es gar nichts Seltenes war, daß man solche Fremde des Nachts um 10 Uhr auch wohl später in der Stadt herumgehen sah, bittend, man möge sie doch über Nacht beherbergen. Daß für ein Städtchen wie Landau sich die Errichtung eines Gasthauses, in welchem jeder Fremde, er reise mit Equipage (= elegante Kutsche) oder zu Fuß oder zu Wasser eine willige und freundliche Aufnahme finde, sobald er sich über sein sittliches Betragen ausgewiesen hat, ein dringendes Bedürfnis ist, wird wohl niemand

Der »Wachsende Felsen« (Johannisfelsen) ist ein Naturdenkmal in Usterling / Landau an der Isar. Das Geotop ist einer der seltenen großen Karstgebilde, die zur Gruppe der Steinernen Rinnen zählen. Diese Rinne ist in über 5000 Jahren zu fast 40 Metern Länge und 5 Metern Höhe angewachsen und damit die größte Steinerne Rinne in Deutschland.

bezweifeln, welcher die Lokalverhältnisse daselbst so genau kennt, wie der Unterzeichnete solche kennen zu lernen Gelegenheit hatte.« Und Matthäus Deindl (1832–1907), Zeit seines Lebens ein in Landau ansässiger Lehrer, schrieb im Aufsatz »Der Amtsbezirk Landau a. Isar in seiner Vergangenheit und Gegenwart«, in: Fest-Schrift, 10. Niederbayerische Kreislehrerversammlung in Landau a. Isar. Landau, 1907: »Der Isarstrom war sonst die Hauptverkehrsader für Landau. War das eine freudige Neugierde für jung und alt, wenn an den Dienstagen abends die sogenannte Ordinarie [ein regelmäßig verkehrendes Floß] am Isarufer landete und uns Fremde, hauptsächlich aus dem Oberlande und aus München, mitbrachte, die uns Neuigkeiten erzählten und dann andern Tags die Reise nach Wien fortsetzten. Anfangs der vierziger Jahre [...] erschien hier der erste Postwagen, Eilwagen genannt, weil er die Möglichkeit bot, die Reisenden an 1 bis 1 ½ Tagen bis nach München zu befördern, so daß man nach eintägigem Aufenthalte in der Landeshauptstadt am dritten Tage wieder in der Heimat war. Das war die eisenbahnlose Zeit von ehemals [...].« In der Steinfelskirche hängen Votivtafeln, die von Floßunfällen auf der reißenden Isar und deren glimpflichen Ausgang berichten. Auch vom Land drohte hier Gefahr: Vor Landau gab es eine Militärschießschule. Gelegentlich kam es vor, dass von dort in Richtung Isar scharf geschossen wurde. »Wir riefen den Posten an, es möge doch Einhalt gethan werden, bis wir vorüber seyen«, so ein Augenzeugenbericht, »allein es wurde diesem Ersuchen nicht Folge gegeben. Erst als wir im Bereich der Schusslinie waren und die Kugeln kaum einen halben Meter hoch über unsere Köpfe weg saußten, und wir wiederholt um Einhalt des Schießens anriefen, wurde, nachdem wir längst aus dem Bereiche der Kugeln waren, endlich abgeblasen. Ein ähnlicher Vorfall ereignete sich auch im heurigen Frühjahr sowie auch im Jahr 1886.«

Eine Legende über die Landauer Flößer: »Es war schon spät, als die Flößer in Landshut an der Länd abstießen und in Richtung Heimatstadt Landau losfuhren. Die Flößer und ihre beiden Knechte, die das schwer beladene Floß durch die Fluten lenkten, gerieten in die Nacht. Ein Gewittersturm jagte schwarze Wolken über das Isartal, zerschlug die Lampe am Bug, die Schiffer konnten die Sandbänke nicht erkennen, an denen das Floß jeden Augenblick zu zerschellen drohte. In ihrer Not flehten die Schiffer Gott und den hl. Johannes Nepomuk um Hilfe an. Tauchten Sandbänke und Felsbrocken auf, stiegen an beiden Ufern der Isar tanzende Lichtlein auf, sie hüpften alle auf einen Fleck und erleuchteten die Gefahrenstelle. Die Flößer konnten das Steuerruder rechtzeitig schwenken und das Hindernis umfahren. Ohne Schaden an Leib und Gut erreichten die Landauer Flößer ihre Heimat. Zum Dank für die Rettung stifteten sie eine Nepomuk-Statue für die Isarbrücke der Heimatstadt.«

☺ TIPPS ZU LANDAU

Sehenswert: Heimatmuseum, Höckinger Straße 9 • ehem. Hospiz des Franziskanerordens, Theresienstraße 4 • Stadtpfarrkirche St. Mariä Himmelfahrt (Barock, Taufstein 13. Jahrhundert), Oberer Stadtplatz 14 • Kastenhof (Teil der 1504 zerstörten Burg-/Schlossanlage) mit Steinzeitmuseum, Oberer Stadtplatz 20 • Kalvarienberg, Hauptstraße 86a • Kirche »Maria im Steinfels« (Weihe 1726; Votivtafeln von Floßunglücken), Steinfelsstraße 28 • Bockerlbrücke (1903) ab bei Bockerl Bahnhof Kleegartenstraße 21 (mit Radweg) • Statue des Flößerheiligen Nepomuk, Steinfelsstraße 14 • Stadthalle, Stadtgraben 3 • St.-Nepomuk-Kapelle an der Isar in Mamming • Flößerweg • Isarlände

Freizeit: Freibad + Hallenbad, Freibadweg 3, 3a • Spielplatz, Stadtpark

Gastronomie: »Zur Post«, Hauptstraße 86 • »Zum Oberen Krieger«, Oberer Stadtplatz 6 • Gasthof »Löhr«, Hochstraße 55 • Steakhaus »Zum Alten Markt«, Spitalplatz 5

Nützlich: Rathaus mit Tourist-Info, Oberer Stadtplatz 1 • Polizei, Fleischgasse 16 • Klinik, Bayerwaldring 17

Ois fürs Radl: Hies Fahrradservice, Hauptstraße 35 • J. Hochwimmer, Bachgasse 23 • Bavaria Motorcycles, Fichtheimer Feld 7

Landau Umland

»Wachsender Felsen«, 94405 Usterling, Sturmstraße 1 • hydraulische Widderanlage am ISARRADWEG

Landkreis Deggendorf

Der Landkreis Deggendorf, er gehört zu den altbayerischen Gebieten, liegt zu beiden Seiten der Donau. Hier mündet die Isar in die Donau. Um das Mündungsgebiet hat sich eine Auenlandschaft erhalten, an die sich eine der Kornkammern Bayerns, der Gäuboden, anschließt. Der Landkreis zeigt sich von seiner sportlichen Seite mit seinen vielfältigen Sport- und Bewegungsmöglichkeiten für Jedermann.

Plattling

Plattling ist seit alters her eine wichtige Station für Reisende. Die Stadt liegt unweit der Mündung der Isar in die Donau. Für den wohlhabenden Gäuboden ist Plattling ein Umschlagplatz von Erzeugnissen und Handelsgütern. Und Plattling ist eine Nibelungenstadt – dazu später mehr …

Mündung der Isar in die Donau bei Deggendorf.

Plattling mit Pfarrkirche St. Magdalena.

Besiedelt war das Plattlinger Gemeindegebiet Funden zufolge bereits in der Jungsteinzeit um 3000 vor Christus. Die erste erhaltene namentliche Erwähnung mit »Plateglinga« stammt aus dem Jahr 868. In römischer Zeit verlief die Grenzstraße, die von der Festung Regensburg zum Kastell Passau führte, durch das heutige Gemeindegebiet; in der Nähe mündete die Fernstraße von Augsburg auf die Grenzstraße, die sogenannte Donausüdstraße. Wo diese die Isar

Nibelungen-Festspiele Plattling.

querte, unterhielten die Römer einen stark befestigten Flussübergang.

Im Mittelalter taucht der Ort nicht nur als Standort einer Isarbrücke auf, sondern erstmals auch als wichtiger Halt auf einer Reise: Im Nibelungenlied (um 1200) macht Kriemhild auf ihrer Reise zum Hunnenkönig Etzel Station in »Pledelingen«. Der Autor des Epos rühmt die Plattlinger Gastfreundschaft (Übersetzung von Simrock): »Dort zu Pledelingen schuf man ihnen Ruh. Das Volk allenthalben ritt auf sie zu, man gab was sie bedurften williglich und froh. Sie nahmen es mit Ehren so tat man bald auch anderswo.«

Plattling hat den Wert dieser Episode erkannt: Die Stadt nennt sich »Nibelungenstadt«, in der Nähe des Bahnhofs gibt es einen Nibelungen-Skulpturen-Weg, im Rathaus ein großes Glasbild, das »Kriemhilds Traum« zeigt, in Gaststätten lassen sich »Hunnenwürste« und »Nibelungengeist« kosten, Gäste der Stadt erhalten den »echten Plattlinger Nibelungen-Taler«, und alle vier Jahre lädt die Stadt zu Nibelungenfestspielen.

Wichtige Gäste in Plattling: Im historischen »Gasthof zur Post« sollen Kaiser Leopold I. (1664), Kaiserin Maria Theresia (1745), Kurfürst Karl Theodor von Bayern (1790) und Napoleon (1809) übernachtet haben.

Im hohen Mittelalter gehörte Plattling vorübergehend den Grafen von Bogen; nach deren Aussterben fiel der Ort 1242 an das bayerische Haus der Wittelsbacher Herzöge. Ab 1186 wurden in Plattling wiederholt Hof- und Landtage abgehalten. 1317 erhielt Plattling das Marktrecht. Der Ort hatte die Niedere Gerichtsbarkeit inne, durfte also bei geringfügigen Vergehen selbst Strafen verhängen. Das verlieh Plattling einen hohen Grad an

Selbstständigkeit, gerade gegenüber dem benachbarten Pfleggericht Natternberg.
Die Isar sorgte jedoch stets dafür, dass es den Plattlingern nicht zu wohl wurde. Immer wieder litt der Markt unter Hochwassern. Immer wieder grassierten deshalb Fieberkrankheiten. Nach einer besonders verheerenden Flutkatastrophe ließ Albrecht I. von Bayern den Markt, der sich bis dahin offenbar am rechten Isarufer befunden hatte, auf der trockener gelegenen, linken Seite des Flusses im Jahr 1379 neu gründen. Rechts der Isar blieb lediglich die heutige Friedhofskirche Sankt Jakob zurück, die aus dem 12. Jahrhundert stammt. Wie übel die Isar Plattling einst mitgespielt hat, zeigt sich auch darin, dass gar nicht sicher ist, ob die Ortschaft damals tatsächlich das Flussufer gewechselt hat. Denn die Isar verlegte immer wieder selbst ihr Flussbett. Es ist wahrscheinlich, dass sie einst weiter östlich floss und erst eines der vielen Hochwasser die heutige Stadt vom Friedhof trennte – dann wäre Plattling immer schon auf dem linken Flussufer gewesen. Und mit der Verlegung Plattlings war die Gefahr keineswegs gebannt.
Vom 15. bis ins 18. Jahrhundert sind in Plattling 50 Flutkatastrophen überliefert. Zu Hochwassern kam es noch bis ins 20. Jahrhundert. Damit nicht genug: In den Kriegen des 16., 17. und 18. Jahrhunderts wurde Plattling wiederholt verwüstet. Im Landshuter Erbfolgekrieg plünderten pfälzische Truppen Plattling. Im Dreißigjährigen Krieg (1618–1648) brannte der Markt dreimal nieder, und 1742 bekämpften sich in Plattling Bayern und Österreicher; ungarische Husaren brannten die Isarbrücke nieder. 1888 erhob Prinzregent Luitpold von Bayern Plattling zur Stadt.
Seit dem 19. Jahrhundert ist Plattling mit seinem Umsteigebahnhof der wichtigste Verkehrsknotenpunkt im östlichen Niederbayern. 1860 wurde die Ortschaft an die Bahnstrecke von Regensburg nach Passau angebunden; ab 1877 führte auch eine Trasse die Isar hinauf. Plattling wurde zum Knotenpunkt und zur Eisenbahnerstadt. Um die Jahrhundertwende lebten rund 2000 Menschen von der Bahn.
Von Februar bis April 1945 gab es in Plattling ein Außenlager des Konzentrationslagers Flossenbürg. 500 Häftlinge mussten einen Flugplatz im Norden Plattlings für den Einsatz von Düsenjägern umbauen. Die Gefangenen waren zunächst mehrere Wochen lang in einer alten Schule mitten in der Plattlinger Innenstadt untergebracht, unübersehbar für die Einwohner. Später wurden sie in einer ehemaligen Ziegelei einquartiert. Wie

Erinnerungstafel an berühmte Persönlichkeiten in Plattling.

Das Bürgerspital im Stadtzentrum von Plattling am Ludwigplatz. Errichtet im 19. Jahrhundert, führte ein Brand 1981 dazu, dass hinter der historischen neugotischen Fassade Raum für Kultur und Bildung entstehen konnte.

viele dieser Gefangenen starben, ist unklar; die US-Armee fand in Massengräbern fast 200 Tote, die aber nicht alle in Plattling untergebracht worden sein müssen. Nach dem Ende der nationalsozialistischen Herrschaft wurden in dem Lager Nationalsozialisten und russische Nazi-Kollaborateure interniert. Auf dem früheren Flugplatzgelände im Norden Plattlings haben sich ab 1970 verschiedene Industriebetriebe angesiedelt, darunter eine Papierfabrik.

Plattling traf seit den 1960er-Jahren der Siegeszug des Autos arg, denn dieser bedeutete den Niedergang des regionalen Eisenbahnverkehrs. 1974 fuhr die letzte Plattlinger Dampflok aus dem Bahnhof. Abgefedert wurde dieser Niedergang für Plattling durch eine ab 1960 errichtete Zuckerfabrik.

Flößerei rund um Plattling

Mitte des 19. Jahrhunderts ging von Georgi bis Michaelis alle Donnerstage das »Wochen«-Floß, es fuhr bis Plattling. Floßmeister, die am Montag das Wiener-Ordinari fuhren, schickten am Donnerstag davor ein befrachtetes Floß bis Plattling, dieses erwartete dort das Ordinarifloß, es wurde angehängt, um als ein Floß in Wien anzulanden. Der Grund: 1843 verfügte die Regierung von Oberbayern, dass auf der Isar bis hinter der Brücke von Plattling kein Floß gestrickt, das heißt, mit einem anderen Floß zusammengebunden werden darf. Ab Plattling musste also jedes dieser Flöße von zwei »erprobten« Flößern geführt werden. Gestrickte Flöße durften nur an bestimmten Plätzen anlanden; das Anstreifen vorüberfahrender Flöße an Brücken- und Wasserbauten war untersagt.

1864 gründeten Plattlinger Fischer, Müller, Flößer und Wasserarbeiter den St. Johann Nepomuk Verein Plattling. Dieser eröffnete 2004 das weltweit erste und bislang auch einzige rein dem heiligen Nepomuk geweihte Museum. Etwa 300 Ausstellungsstücke können in einem ehemaligen Flussmeisterhaus an der Passauer Straße besichtigt werden. Der Nepomuk-Verein feiert darüber hinaus im dreijährigen Turnus ein Nepomuk-Fest mit Wasserprozession. Dabei lassen die Feiernden eine Statue des Heiligen auf einer Plätte die Isar hinabtreiben und holen sie später wieder ein.

Statue des heiligen Nepomuk im St.-Nepomuk-Museum in Plattling.

☺ TIPPS ZU PLATTLING

Sehenswert: Preysing Denkmal, Preysingplatz • Kirche St. Jakob (romanisch), Friedhofstraße 15 • Pfarrkirche St. Magdalena (romanisch), Preysingplatz 3 • Wasserturm, Am Wasserturm • Museum des St. Johann Nepomuk Vereins Plattling e. V., Passauer Straße 25 • Nepomuk-Kapelle, Isarbrücke, Passauer Straße • St.-Nepomuk-Skulptur, Passauer Straße 20

Ereignisse: Nepomuk-Lichterprozession (alle drei Jahre) Isarbrücke, Passauer Straße • mittelalterlicher Nibelungenmarkt (alle zwei Jahre) • Nibelungenfestspiele (alle vier Jahre).

Gastronomie: Wirtshaus-Hotel »Preysinger Hof«, Preysingplatz 19 • »Fischerstuben«, Passauer Straße 54 • »Bräu + Hotel zur Isar« (Eisch Gastronomie), Passauer Straße 2 • »Emporium«, Ludwigplatz 14 • Gasthof-Hotel »Zum Grünen Baum«, Ludwigplatz 33

Freizeit: »Isarwelle« (Surfen, Kajak) • Freibad, Georg-Eckl-Straße 22

Nützlich: Rathaus, Preysingplatz 1 • Kultur- und Tourismusamt im ehem. Bürgerspital, Ludwigplatz 8 • Klinik, Dr.-Kiefl-Straße 12 • Polizei, Bahnhofstraße 17a

Ois fürs Radl: Zweirad Würdinger, Scheiblerstraße 10

Plattling Umland:
Schloss Aholming (Schloss Isarau), 94527 Aholming, Isarauer Straße 41

Die bekannteste und wohl beste stehende Welle in Niederbayern ist die Isar Sohlschwelle in Plattling.

Radfahrer beim Infozentrum Isarmündung in Moos im Deggendorfer Land.

Deggendorf mit Isarmündung

An den ehemaligen Weiler Isarmünd am rechten Ufer der Donau, südlich der Isarmündung, erinnert heute nur noch eine Kapelle.Vermutlich wurde er im 13. Jahrhundert gegründet. Für das 14. Jahrhundert ist überliefert, dass die Anwohner mit der Gemeinde Plattling und dem Kloster Niederalteich um ihr Recht stritten, die Donau zu überqueren. In jedem Fall war der Platz verkehrsgünstig, denn die Isar schwemmte so viel Geröll und Geschiebe in die Donau, dass sie hier bei Niedrigwasser zu Fuß, zu Pferd, ja sogar mit Fahrzeugen zu überqueren war. Reisende, die übersetzen wollten, fanden in Isarmünd eine Station. 1865 genehmigte die Kgl. Regierung von Niederbayern drei Bauern von Isarmünd, eine Seilfähre über die Donau zu installieren. Die Fährschiffe fuhren hier bis 1962; nach mehreren tödlichen Unfällen wurde der Betrieb eingestellt.

Isarmünd hatte stets unter den Hochwassern der Isar zu leiden. Von 2010 an gab es deshalb Überlegungen, den Weiler aufzugeben. Da in dem kleinen Dorf am Ende nur 20 Menschen lebten, erschien es den Behörden zu teuer, die neun Kilometer langen Deiche für voraussichtlich einen zweistelligen Millionenbetrag auszubauen. Bereits 2011 errichteten viele Einwohner neue Häuser anderswo. Das endgültige Ende kam mit dem »Jahrhunderthochwasser« 2013. Isarmünd wurde evakuiert und die restlichen Isarmünder zogen weg – die meisten in die nahe Gemeinde Moos. Abrissbagger rissen die Häuser ab, nur die Kapelle blieb stehen. Sie ist dem heiligen Nepomuk geweiht, dem Schutzheiligen gegen Brücken- und Wassergefahren und deshalb auch für die Flößer.

Der Luitpoldplatz im Herzen der Stadt Deggendorf.

Deggendorf

Deggendorf ist sowohl Donau- als auch Isarstadt. Denn im Stadtteil Fischerdorf mündet die Isar in die Donau. Und Deggendorf ist heute eine Fachhochschulstadt. Davor war es eher ein verschlafenes Städtchen, heute präsentiert sie sich jung und modern mit rund 30000 Einwohnern. Die Große Kreisstadt liegt zwischen der Ebene des Gäubodens und dem Bayerischen Wald. So bietet sie viele Möglichkeiten der Freizeitgestaltung wie Fernwandern (Via Nova und Donau-Panoramaweg, Böhmweg) sowie Rund- und Streckenwandern, Fahrradfahren an Isar oder Donau, Wassersport auf Baggerseen, Isar und Donau.

Älteste Siedlungsspuren reichen für das Gebiet des heutigen Stadtzentrums bis in keltische Zeit zurück, für einzelne Gemeindeteile gar bis in die Jungsteinzeit vor 7000 Jahren. Erstmals erwähnt wurde Deggendorf im Jahr 1002 in einer Urkunde, darin bestätigt der römische König Heinrich II. dem Nonnenkloster Niedermünster in Regensburg den Besitz von »Deggindorf«. Der Besitz scheint für die Kanonissen wichtig gewesen zu sein, denn sie errichteten in Deggendorf eine eigene Propstei.

Neben der Propstei entstand im 12. Jahrhundert eine weitere Siedlung im heutigen Deggendorfer Stadtgebiet. Das Land unterstand damals den Herzögen von Bogen sowie den Babenbergern, die unter anderem die Herzöge von Österreich stellten. 1242 und 1246 starben diese Familien jedoch aus, und

Deggendorf von der Donau aus gesehen.

Deggendorf fiel an das bayerische Herzogshaus der Wittelsbacher, die in jenen Jahren bereits mehrere Städte im Isar- und Donauraum gegründet hatten. Deggendorf förderten die Herzöge ganz besonders als Stützpunkt nordöstlich der Donau: Sie legten die Siedlung neu an, befestigten sie, ließen spätestens 1280 eine hölzerne Brücke mit Zollstation über die Donau schlagen. 1316 und noch einmal 1320 gewährten sie dem Ort das Stadtrecht. 1331 war Deggendorf sogar Residenzstadt eines niederbayerischen Teilherzogtums, das jedoch nur ein Jahr lang Bestand hatte.

1338 kam es in Deggendorf zu einem Massenmord an den ortsansässigen Juden, wohl weil sich viele Deggendorfer Bürger bei diesen verschuldet hatten. Eine Heuschreckenplage im selben Jahr mag einen weiteren Vorwand geliefert haben. Der Herzog verzieh den Bürgern offiziell und erlaubte ihnen auch, ihre Beute zu behalten. In den Jahren nach dem Mord entstand eine antisemitische Legende von einem angeblichen Hostienfrevel. Zur Grabkirche Peter und Paul führte auch jahrhundertelang die »Deggendorfer Gnad«, eine judenfeindliche Wallfahrt. Erst 1992 schaffte der damalige Regensburger Bischof Manfred Müller diesen Brauch endgültig ab. Wie die übrigen Städte in der Umgebung ist auch Deggendorf in den Kriegen des 17. und 18. Jahrhunderts schwer verheert worden. Im Dreißigjährigen Krieg besetzten wiederholt die Schweden die Stadt an Donau und Isar. 1633 starben zwei Drittel der Einwohner an der Pest. Mehrmals brannte die Stadt nieder, erholte sich aber nicht zuletzt aufgrund ihrer günstigen Lage rasch wieder. Einen Sprung nach vorne unternahm Deggendorf im 19. Jahrhundert. Die neue Ruselstraße führte ab 1817 hinauf in den Wald im Osten, im Westen entstand bis 1863 eine neue eiserne Donaubrücke. 1866 wurde Deggendorf ans Eisenbahnnetz angeschlossen. 1877

Stadtmuseum Deggendorf.

wurde eine Eisenbahnlinie in den Bayerischen Wald eröffnet. Schon ab 1885 wurden Donauschiffe in Deggendorf montiert, hier wurden Hunderte Tankschiffe, Fähren und Ausflugsschiffe gebaut. Ab 1898 entstand der erste Deggendorfer Frachthafen an der Donau. Im 20. Jahrhundert wuchs die Ortschaft durch Eingemeindungen stark an. Deggendorf setzt heute als »Tor zum Bayerischen Wald« auf Tourismus. Die Donaustadt ist Teil der jährlich an Pfingsten stattfindenden Holzkirchener Kerzenwallfahrt.

Flusstransporte seit dem 1. Jahrhundert

Vor allem römische Schiffe waren in den rund 400 Jahren des Rätischen Donaulimes (1. bis 5. Jahrhundert) in Deggendorf auf der Donau unterwegs. Sie verbanden Truppenstandorte wie Regensburg und Straubing mit den anderen Städten und Legionslagern entlang der Donau bis zum Schwarzen Meer. Auch im Mittelalter spielte der Schiffsverkehr auf der Donau eine wichtige Rolle in Deggendorf. In noch existierenden Passauer Mautbüchern um 1400 sind viele Einträge von Deggendorfer Kaufleuten und Schiffseignern verzeichnet. Vom 13. bis zum 19. Jahrhundert kamen auch Flöße von der Isar zum Waren- und Personentransport aus München und Landshut hinzu, welche entweder bis Deggendorf oder über Deggendorf weiter auf der Donau Richtung Österreich und Ungarn fuhren.

☺ TIPPS ZU DEGGENDORF

Sehenswert: Stadtmuseum, Östlicher Stadtgraben 28 • Handwerksmuseum, Maria-Ward-Platz 1 • Kulturhaus Kapuzinerstadl, Maria-Ward-Platz 10 • ehem. Mauthaus, Uferplatz 6 • Burgruine bei Natternberg • Pfarrkirche Mariä Himmelfahrt, Untere Vorstadt 13 • Heilige Grabkirche St. Peter und St. Paul (Barockturm), Michael-Fischer-Platz 1 • Wallfahrtskirche Zur Schmerzhaften Mutter Gottes in der Rose, Findlsteiner Straße 25 • Wissenschaftsmuseum, Roedererstraße 6 • Stadtpark, Egger-/Ruselstraße • Stadtwald am Geiersberg • Donaupark, Eginger Straße • Donau-Hafen, Wallnerlände 9 • Naturdenkmal Maxfelsen, Ruselbergstraße/St 2135 bei Oberglasschleife • Infozentrum Isarmündung, Maxmühle 3, 94554 Moos

Gastronomie: »Ankerstüberl«, Eginger Straße 32 • »Zum Weißbräu«, Bräugasse 8 • »Zur Knödelwerferin«, Schlachthausgasse 1 • »Goldener Engel«, Oberer Stadtplatz 6 • »Laurin«, Edlmairstraße 14

Freizeit: »Elypso«-Schwimmbad, Sandnerhofweg 4–6

Nützlich: Rathaus, Franz-Josef-Strauß-Straße 3 • Tourist-Info, Oberer Stadtplatz 1 • Klinik, Perlasberger Straße 41 • Polizei, Hans-Krämer-Straße 65

Ois fürs Radl: Crocodile Cycles, Hengersberger Straße 21 • Fahrradshop, Untere Vorstadt 10 • Biller Bikes, Pferdemarkt 18 • Fahrrad Shop Kowatsch, Untere Vorstadt 10

Zu guter Letzt: »Fundstücke« zur Flößerei

München

1316, 19. Februar, Donnerstag vor Fasnacht: König Ludwig hebt das Grundruhrrecht auf der Isar und allen anderen bayerischen Gewässern auf und fordert seinen Viztum und seine Amtleute auf, in Zukunft keinen Gebrauch mehr davon zu machen. »Grundruhr«, von »an den Grund rühren«, »den Boden berühren«, bezeichnet die Strandung eines Wasserfahrzeugs (Schiffes, Floßes) und das damit verbundene Recht, daß alles gestrandete Gut dem Finder oder dem Eigentümer des Grundstückes gehört, auf dem es an Land geschwemmt wurde. Dies wird jetzt verboten. Die Ladung des gestrandeten Fahrzeugs gehört weiterhin dem Eigentümer und nicht dem Finder.

1368, Spätsommer / Herbst: Die Stadt muß mit einem Aufgebot an zwei kostspieligen landesherrlichen Feldzügen im Kampf um Tirol und um das Erbe Herzog Meinhards teilnehmen. (…) Waffenröcke und Armbrüste mußten gekauft werden und die Floßleute, die die Schützen transportierten, erhielten alleine 46 Pfund Pfennige an Fuhrlohn. (…) Die erste Reise kostete 139 Gulden und 98 Pfund und 5 Schillinge, die zweite gar 250 Gulden, 78 Pfund, 3 Schillinge und 8 Pfennige.

1379, um den 15. August: Ein Hochwasser suchte die Umgebung der Stadt heim und drohte die Isarbrücke wieder zu zerstören. Die Flößer und Fischer erhielten den Auftrag, sie zu räumen.

1436, 12. März: Nicht alle Kosten für den Besuch von Kaiser Sigismund vom August 1434 sind abgerechnet. An diesem Tag verbucht die Stadtkammer noch 20 Schillinge an die Floßleute als Lohn für die Zubereitung etlicher Flöße. Die Floßfahrt war aber buchstäblich ins Wasser (Hochwasser der Isar) gefallen und der Kaiser nahm schließlich doch den Landweg zu Pferde. Jetzt verlangen die Flößer Entschädigung von der Stadt für ihre vergebliche Mühe.

1440, 7. Februar, Sonntag vor Fasnacht: Ein für heutige Vorstellung makabrer Vorfall wird von der Kammerrechnung berichtet: An der Isarbrücke verfing sich ein auf dem Wasser treibendes Faß. Als man es öffnete, fand man eine tote Frau darin. Daraufhin schrieb die Stadt an den Landrichter von Wolfratshausen, also an das benachbarte Landgericht, um zu erfahren, »was im wissen sey«. (...) Die Selbstmörderin wird wieder in das Faß eingeschlagen »und wider auf dem wasser hingeschupft«, damit sie weiter die Isar hinuntertreibe. Es war üblich und die Kammerrechnungen berichten mehrmals von solchen Fällen, daß man Leichen oder auch Delinquenten, für die man sich nicht zuständig fühlte oder mit denen man nichts zu tun haben wollte, auf einem Floß auf der Isar aussetzte.

1467, 1. März: Die Stadt hat mit dem Bau einer Röhren-Wasserleitung begonnen. (...) Noch vor Ostern war der lange Ulrich (oder Ulrich Lang?) nach Farchach bei Wolfratshausen geschickt worden. Am 26. April werden dem Kramer von Bairawies vier Flöße mit Föhrenholz (»förchenflossen«) bezahlt, für München »zum klafferprunnen«. »Föhrene Baumstämme« werden auch in »Garmischgäu zu den prunnenrörn« gekauft und ausgebohrt usw. Die Wasserleitung endet am Marktplatz, wo der erste Zierbrunnen der Stadt entsteht (beim heutigen Fischbrunnen).

1475 nach dem 26. Dezember, nach Weihnachten: Die Stadtkammer zahlt nicht weniger als 63 Pfund Pfennige für 36 große und kleine Flöße. (...). Gemeint ist hier der Dachstuhl für die Frauenkirche, wahrscheinlich aber nur der des Chores.

1478, 3. Juni: Die Stadt übernimmt den Schadensersatz in Höhe von 2 Pfund 5 Schillingen 21 Pfenningen » ... die Hainrich Part ze Potzen (= Bozen, auf dem Markt) kaufft het und auf der Yser ertruncken (sind) mit ainem vaß wein, das des Hainrich Parts waren«. Das ganze Kaufmannsgut ist also mit dem Floß auf der Isar »abgesoffen«.

1485, 24. Juli: Der Floßmann Bertel und seine Gesellen haben nach dem großen Hochwasser die Isar und ihre Ufer bis hinunter nach Föhring nach weiteren Schäden abgesucht und erhält einen Schilling und 12 Pfennige dafür.

1493, 16. November: An diesem Tag »(...) ist herzog Albrecht zu München auf di Iser gesessen und ab gen Wien zu seines swechers (Schwiegervaters) kaiser Fridrichs (be-)grebnüs gefaren«. Der Kaiser ist am 19. August gestorben.

1530, 4. Januar: Abrechnung der Stadtkammer über die Kosten für den Zug gegen die Türken nach Wien, die die Stadt belagerten: 1815 Gulden kostete der eigentliche Kriegszug von 303 Knechten unter der Führung von Hanns Ridler als Hauptmann. Der Floßmann Hanns Müllner hat die Truppe auf Flößen nach Wien befördert.

1581, 10. März 10: Die Floßmeister erhalten vom Stadtrat eine Zunftordnung.

1594, 31. März, Donnerstag vor Palmsonntag: Ein Floß ist an einem Rechen auf der Isar gescheitert und es sind viele Menschen, vor allem Kinder, ertrunken. Die Hinterblie-

Der osmanische Diwan tritt zusammen: Der Rückzug ist bereits beschlossen, die Kanonen schweigen, der Sultan ist abgereist; osmanische Miniatur aus dem 16. Jahrhundert von Nakkaş Osman

benen und Überlebenden erhalten aus der Stadtkammer ein Hilfgeld: Dem Hanns Kamerloher von Söcking sind vier Kinder ertrunken (5 Gulden), dem Thoman Streicher von Pocking ein Knäblein (3 Gulden), Georg Auer von Hechendorf war allein (2 Gulden), dem Georg Hörman von Söcking drei Kinder (3 Gulden), der Witwe Margreth Roll zwei Kinder (2 Gulden). (...) In diesem Jahr kostet 1 Maß Märzenbier 6,5, 1 Maß Winterbier 5,25 Pfennige.

1623, 21. Juni: Die seit dem 14. Februar 1614 regelmäßig von den Münchner Floßmeistern durchgeführte Fahrt nach Passau wird auf Bitten des Handwerks der Floßleute an diesem Tag vom Stadtrat durch einen ergänzenden Satz in ihrem Satzbüchel bis Wien bewilligt. Seither gibt es jeden Montag eine regelmäßige Floßverbindung München-Wien mit dem Ordinari-Floß oder »Ordinari«. Die Fahrt dauert unter normalen Bedingungen 6 bis 7 Tage. 1717 erlaubte der Kurfürst den Münchner Flößern pro Monat 16 Fahrten nach Wien.

1629, 27. Juni: Eine Frau aus Alling, die zum sechstenmal wegen Bettelei und Diebstahls in Haft liegt, soll auf Beschluß des Stadtrats auf ein Floß gesetzt und von hier hinweggeschickt werden.

1633, 23. April: Während der Nacht wurden 30 schwedische Gefangene in die Stadt gebracht. Wahrscheinlich sind es dieselben, die dann vor dem 14. Mai auf zwei Flößen nach Landshut hinuntergefahren werden.

1644, 9. September: In der Stadt Wien grassiert eine Infektion. Alle Floß- und Schiffsleute, die dorthin fahren, werden sofort auf die verstärkten Vorsichtsmaßnahmen hingewiesen: Sich dort mit niemandem einlassen, keine verdächtigen Häuser besuchen, bei der Rückkehr mit biblischem Eid beschwören, daß man an keinem verdächtigen Ort war. An die Torwachen ergehen Anweisungen, alle von Wien kommenden Personen verstärkt zu kontrollieren.

1661, 5. Januar: Der Camerlohrer, Sohn des Stöckschneiders, und ein weiterer Mann, sollen zur Umerziehung und Besserung auf ein

Flöße und Boote bei der Ferdinandsbrücke in Wien, 1825 Carl Ludwig Hoffmeister, 1825

Floß gesetzt und nach Wien geführt, also abgeschoben, doch zuvor bekleidet werden.

1661, 1. Juli: Ein Floßmeister hat einen Schaden und den Tod von 20 Personen verursacht. Der Kurfürst lässt eine Untersuchung anstellen.

1705, 24. Juli: Ein Befehl der kaiserlichen Kommandantur weist die Stadt an, daß diejenigen Floßleute, die vom Juden David zur Abführung der »Dannischen« Truppen aufgedungen worden waren, aber bei Deggendorf davon liefen, zu zitieren, zu vernehmen und ihnen von der Stadt ein ernstlicher Verweis zu erteilen sei. Danach sollen sie die angenommene Löhnung herausgeben, die dem Juden wieder ausgeliefert werden müsse. Erstmals seit der Vertreibung der Juden aus Bayern im 15. Jahrhundert tauchen im Gefolge der kaiserlich-österreichischen Truppen wieder Juden in Münchner Quellen auf.

1706, 16. April: Im vergangenen Jahr ertranken auf einer Floßfahrt ein Kapuzinerpater und drei Kinder eines Offiziers. Jetzt wurde zur Untersuchung eine Kommission eingesetzt und den Floßleuten werden ihre Handwerksartikel eingeschärft.

1723, 4. Dezember: Ein Floßmeister von Wolfratshausen muß die Unkosten von 5 Gulden 3 Schillingen und 11 ½ Pfennigen erstatten, die er verursachte, als er mit seinem zu hoch mit Heu beladenen Floß eine Brücke in der Nähe der Abdeckerhütte beschädigte.

1742, 25. Mai, Freitag nach Fronleichnam: Die Nachricht verbreitet sich, wie Trenck mit seinen Panduren in Tölz, Lenggries und Umgebung in einer Weise gehaust hat, dass der kommandierende General-Feldmarschall selbst befahl, den Obristwachtmeister von Trenck gefangen zu nehmen, um seine Umtriebe zu unterbinden. Er konnte sie aber durch allerlei Behauptungen entkräften. Die im Raum Tölz gemachte Beute ließ er auf 22 Flößen nach München bringen.

Pandur in zeitgenössischer Uniform, 1794.

1742, 15. Juni: Das Königseggische Regiment samt den Panduren zieht mit Flößen auf dem Wasserweg, teils auf dem Landweg, ab.

1742, 24. Juni, Johanni: Die tags zuvor abmarschierten Truppen sind nur bis unterhalb von Bogenhausen gekommen, dann kenterten auf der Isar zwei mit Kanonen, vielen Flinten, Bagage usw. beladene Flöße. Dabei ertranken drei Soldaten samt einem Floßmann.

1760, 30. September: Die Deputation zur Einhebung des 5. Bierpfennigs überweist der Stadtkammer 500 Gulden von einem auf drei Jahre verteilten Gesamtbetrag von 1500 Gulden zur Bestreitung der Löhne für die Floßleute und andere Personen von Lenggries und anderen Orten für die Lieferung von Pflastersteinen, in diesem Jahr fällig an Michaeli (29. September).

1788, 2. September: An der Isarlände liegen mehr als 100 Flöße zum Verkauf. Es soll an Käufern fehlen, weil die Stadt nichts für die Wasserbauten und für das Stadtbauamt abnimmt und die Bäcker und Bierbrauer sich keinen Holzvorrat davon anlegen wollen. Von letzteren wird das Brennholz klafterweise auf dem Wochenmarkt von den Bauern erhandelt und damit dem Publikum der Ankauf im Kleinen erschwert. Die sich ständig vermehrende Anzahl der Flöße bildet bei Hochwasser eine große Gefahr für die flußabwärts liegenden Brücken, Archen und kostspieligen Beschlächtbauten. Auch die Mühlen werden gefährdet. Die Oberlandesregierung fordert deshalb den Magistrat auf, den Beschwerden des Publikums und der fremden Floßleute nach Möglichkeit abzuhelfen, das angebliche Komplott der Bäcker und Bierbrauer zu untersuchen und diese darüber zur Rede zu stellen, warum sie ihr Brenn und Schnittholz nicht mehr an den ihnen zugewiesenen Plätzen an der Oberen und Unteren Lände aufrichten lassen. Auch ist festzustellen, woher der Kalkofen und die vielen Ziegelmeister der Umgebung ihren Holzvorrat beziehen und woher die Münchner Floßmeister, die allwöchentlich nach Wien abfahren, ihre Flöße bekommen, wenn sie die aus dem Oberland herbeigeführten nicht abnehmen.

1796, Ende Juli: In der Residenz wird gepackt. Der Hof bereitet die Flucht vor. Auch das Stadtarchiv verpackt seine wichtigsten Urkunden für den Abtransport. Große Güterwägen mit Hofsachen, Kunstsachen, Archiven und so weiter stehen teils im Hof der Maxburg. Flöße werden damit beladen.

Diese »Fundstücke« zur Flößerei in München sind entnommen aus: Helmuth Stahleder: Chronik der Stadt München, Bd. 1: Herzog- und Bürgerstad. Die Jahre 1157 bis 1505, Bd. 2: Belastungen und Bedrückungen. Die Jahre 1506 bis 1705, Bd. 3: Erzwungener Glanz.Die Jahre 1706 bis 1818, München 2005

Dingolfing

Konrad Sixt schreibt 1883: »Überraschend schnell ändert sich der Lauf der Isar Wo noch vor ein paar Wochen die Hauptmasse des Wassers strömte: ist alles verlandet; eine kahle Kiesbank ragt empor, Sträucher und Bäume liegen entwurzelt in den Wellen. Wo vor Kurzem noch eine grüne Au, rollt nun die Hauptschwere der wilden Fluth, auf der das Floß des Gebirglers rasch dahingleitet. Wo die Isar noch nicht korrigiert ist, müssen die Flösser ein achtsam Auge auf die am Ufer aufgestellten Fahrtzeichen (Floßruder) haben, wenn sie ungefährdet passiren wollen. Die Floßschiffahrt hat gegen den früheren Betrieb bedeutend nachgelassen, ist aber immerhin nennenswerth.«

1762. Im Auftrag Max Joseph III. unternimmt der Passauer Schiffsmeister Freudenberger den Versuch, mit Schiffen die Isar zu nutzen. Die Fahrt verlief nicht zufriedenstellend. Im Jahr 1800 bereiste eine Kommission die Strecke. Sie kam über geographische Erhebungen nicht hinaus. Mit dem Ausbau der Isar durch Kraftwerkstreppen kommt der Plan schließlich endgültig zum Erliegen.

Karl der VI. schreibt 1712 über die Regierung in Landshut an das Pfleggericht Teisbach, die Regelung der Floßfahrt betreffend: An den Brücken sind als Orientierungszeichen Kruzifixe anzubringen, ebenso an der Isar entlang.

Am 6. März 1767 schreibt der geheime Hofkammerer Franz Kohlbrenner im Auftrag des Herzogs Maximilian Josef an Rat und Bürger in Teisbach, dass es dem Herzog missfallen habe, dass die Baumaterialien sehr hoch im Preise gestiegen seien, was daher komme, dass die Flößer teils aus übertriebener Gewinnsucht, teils aus Mangel des inländischen Verschleißes ihrer Flöße dasjenige, was sie beim Holzverkauf nicht bekommen, auf die Baumaterialien schlagen. Ämter, Städte und Märkte, die nicht mit dem nötigen Material versehen sind, müssen in Notfällen, wie Wassereinbruch, Brückenschäden, u.a. das Baumaterial überzahlen. Aus landesväterlicher Sorgfalt hat deshalb der Herzog bei Hofkirchen bei Vilshofen einen Holzgarten anlegen lassen. Dort konnten die Flößer, welche Steine, Kohlen, Lohe, Bretter usw. mitführten, die Flöße verkaufen, jedoch um billigen Preis. Das Floßholz wurde den Ämtern, Städten und Märkten im Bedarfsfall zur Verfügung gestellt und konnte so billig erworben werden. Die Flößer mussten aber in allen

Städten und Märkten anlanden und ihre Ware anbieten und durften erst weiterfahren, wenn sie die Bescheinigung erhalten hatten, dass kein Bedarf an Baumaterialien bestehe. Durch den herzoglichen Holzgarten aber war den Flößern die Möglichkeit gegeben, am Ende ihrer Fahrt das Floß selbst zu verkaufen.

Quelle: Rettenbeck, Georg, Stadtarchiv- und Museumsleiter Dingolfing

Plattling

Lange Zeit unterhielt Plattling mit Dingolfing eine regelmäßige Flößereiverbindung und bezog von dort namentlich Brennholz und Bauholz. Das Brennholz wurde hauptsächlich von den Bierbrauern und Bäckern benötigt, die Holzstämme vom Mautamt zur Instandsetzung der Brücke. Als der in Landshut amtierende Forstmeister 1605 diese Holzlieferung verbieten wollte, kostete es der Marktverwaltung viel Mühe, bis der Vizdom am 26. März 1607 die Entscheidung gab, der Dingolfinger Forstmeister dürfe das herkömmliche Quatum Holz, »wenn es vorher vom Pfleger einer Kontrolle unterzogen worden ist, wieder nach Plattling liefern«. Im März 1880 sah man auf der Isar etwas ganz Neuartiges: das erste Dampfboot. Dieses diente aber nicht der Personenbeförderung, sondern musste Material und Werkzeuge herbeiführen zum Eisenbahnbau. Mit Letzterem ging die Flößerei naturgemäß zurück und ist nun ganz verschwunden.

Quelle: Zacher, Dr. Franz X., Geschichte der Stadt Dingolfing

Weitere Bände in der Reihe Bayerische Landpartien

Entlang der Loisach
128 S., Klappenbr., € 12,90
ISBN 978-3-86906-504-5

Entlang der Isar. Bd. 1
144 S., Klappenbr., € 12,90
ISBN 978-3-86906-687-5

Anhang

In den Sattel, fertig, los?

Aus der Praxis – für die Praxis von Werner Grimmeiß (ADFC)

Folgende Empfehlungen gibt der ADFC bei Radtouren:

Allgemein

Vor Beginn einer Tour grundsätzlich das Fahrrad gründlich auf Funktionstüchtigkeit prüfen, bzw. bei sich abzeichnenden Mängeln frühzeitig eine Fahrradwerkstatt aufzusuchen. Fahrt nur mit verkehrssicherem Fahrrad!
Vor Abfahrt Funktionstüchtigkeit überprüfen:

- Bremsen, Funktion prüfen, Bremsbeläge mit ausreichender Belagstärke;
- alle Bowdenzüge einwandfrei, keine Drahtbrüche an den Anschlussstellen;
- Schaltung einwandfrei und voll funktionsfähig; Kette und Kettenräder nicht verschlissen, geschmiert;
- einwandfreie Bereifung, keine Risse, Reifendruck: (zirka 3–5 bar hinten, 2–4 bar vorne);
- Speichen in Ordnung / keinen Laufrad-Achter;
- Beleuchtung einschließlich Rücklicht funktionsfähig, keine losen Kabel;
- sicherer Halt des Gepäcks; fester Sitz aller Schrauben, insbesondere am Gepäckträger (!);

- keine Schäden / Risse an Alu-Teilen (Rahmen, Gabel, Lenker, Vorbau, Sattelstütze).

Mitzunehmen:

- Gepäcktaschen, möglichst wasserdicht. Inhalt z. B. in durchsichtigen Plastiktüten;
- Gepäck so anbringen, dass es schnell und einfach abgenommen / angebracht werden kann;
- Werkzeug zum Ausbau der Laufräder – und für die wichtigsten Schraubverbindungen;
- Utensilien für Reifenpannen, Reifenheber, Ersatzschlauch; Luftpumpe passend zu Ventilen;
- Erste-Hilfe-Set, Fahrradhelm dringend empfohlen, Handy, Personalausweis, Scheckkarte;
- Regenbekleidung, Sonnenschutz, ggf. Utensilien zum Wäschewaschen;
- Schloss mit Erst- und Zweit-

schlüssel (!); geeignete Landkarten, ggf. Outdoor- Navi;
- Für Pedelecs: Ladekabel / Ladegerät;

Unterwegs

- STVO einhalten. Bei Stopps Fahrbahn freimachen! Sicherheitsabstand einhalten!
- Achtung auf Hindernisse, insbesondere Sperrpfosten auf Radwegen; Nachfahrende warnen!
- Trinkvorrat: empfohlen 3 Liter pro Tag; kleine Zwischenbrotzeit.

Pannenhilfe auf Radtouren

Kleinere Pannen:

Auf längeren Radtouren sollte man kleinere Pannen unterwegs selbst beheben können. Zu den häufigsten Pannen gehören Reifendefekte. Mit etwas Geschick kann man diese problemlos beheben, wenn man die notwendigen Hilfsmittel dabei hat:

- Flickzeug (nicht zu alt), oder besser einen Ersatzschlauch passender Größe;
- Reifenhebewerkzeug;
- Montagewerkzeug zum Aus- / Einbau der Laufräder; (individuell zum Fahrrad passend);
- (Not-) Luftpumpe, passend zu den Ventilen (!).

Anmerkung: Beim Abnehmen von Reifen / Schlauch die gefundene Schadenstelle merken, um ggf. einen Fremdkörper im Reifen zu finden / zu entfernen, sonst tritt nach Montage der gleiche Schaden neu auf. Auch empfiehlt sich, den ganzen Vorgang zu Hause einmal zu üben. Ansonsten: Lockere Schrauben – passendes Werkzeugset notwendig.

Größere Pannen:

Größere Pannen kann man unterwegs kaum selbst beheben, es sei denn, man hat Erfahrung und die notwendigen Werkzeuge / Ersatzteile dabei.

- Per Mobiltelefon lässt sich immer die nächstgelegene Fahrradwerkstatt ausfindig machen, die man im Notfall auch immer noch irgendwie erreicht. Dort können erfahrungsgemäß die meisten Defekte sofort beseitigt werden. Oft gibt es auch einen Selbsthilfeservice, z. B. an Sonn- und Feiertagen.
- Wer einen Rundum-Sorglos-Service bevorzugt: Die »ADFC-Pannenhilfe«, sie hilft direkt an der Schadenstelle. Man erwirbt sie mit der Mitgliedschaft im ADFC, die auch noch viele andere Vorteile bietet.
- Der dritte Pannenservice geht immer: Anruf bei den Lieben zuhause.

Ladesevice für E- Fahrräder

In manchen Gemeinden gibt es E-Ladestationen, sie arbeiten jedoch oft mit unterschiedlichen Systemen. In der Praxis kann man meist in Gaststätten an einer Steckdose laden. Voraussetzung: Ladegerät.

GUTE FAHRT!

Bildnachweis

Archiv Flößerstraße: S. 6, 8, 10 (unten), 16, 19, 26, 30, 34 / 35, 40, 42, 45, 47, 54, 55, 56, 67, 76, 89, 94 / 95, 113
Bavarikon: S. 90
Bayerisches Wirtschaftsarchiv: S. 50
Bayern Tourismus Marketing: S. 106
Christian Steeb, Archiv: S. 31
Deutsches Museum: S. 10 oben (Ver-

kehrszentrum), 20/21 (Foto Christiane Neukirch), 119
Die »Förderer« e.V., Landshut: S. 78/79
Floßmeister Michael Angermeier: S. 49
Gabriele Rüth: S. 12/13, 27, 28/29, 32/33, 33 rechts, 34 links, 35 oben, 36/37, 39, 43, 64, 98, 99, 101, 102, 103, 104
Gemeinde Ismaning, Ulla Baumgart: S. 59
Heimatmuseum Wolfratshausen: S. 44
Infohaus Isarmündung, Thomas Schoger-Ohnweiler: S. 13, 15 oben
Johann Rettenbeck, Archiv Dingolfing: S. 52
Joseph Steutzger, Antiquariat & Kunsthandel: S. 83 oben
Landkreis Dingolfing-Landau: S. 85 (Foto Peter Dausend)
Nibelungenfestspielverein, Martin Halser: S. 100 (Foto Karl Janker sen.)
Peter Strohbach: S. 23
Pixabay: S. 22, 25, 57, 66, 68
Privat: S. 38, 112, 114
Sabrina Schwenger: S. 11, 17, 24, 60, 77, 81
Sammlung Schlossmuseum Ismaning: S. 62
Stadt Deggendorf: S. 107, 108
Stadtarchiv Dingolfing: S. 86/87
Stadtarchiv Landau, Manfred Niedl: S. 92/93, 96
Stadtarchiv Landshut: S. 82, 83 unten
Stadtarchiv Moosburg, Wilhelm Ellböck: S. 72, 74
Stadtwerke München: S. 18
Stefan Gruber/touristikfoto.com: S. 53
Tamina Schwenger: S. 58
Tourismusverband Oberbayern-München: S. 9 (Foto Peter von Felbert)
Vermessungsamt Freising: S. 69

Über ISARRADWEG: Landkreis Deggendorf: S. 14/15 (Foto Ingo Zahlheimer), 105; Tourist-Info Freising: S. 63 (Foto Ingo Lehmann), 117 (Herbert Bungartz); Moosburg Marketing: S. 71; Verkehrsverein Landshut: S. 75, 80; Stadt Dingolfing: S. 88, 91

Verwendete Literatur

Alckens, August: Moosburg an der Isar. Eine kurze Stadtgeschichte, Moosburg 1973

Bähr, Johannes, Erker, Paul: NetzWerke. Die Geschichte der Stadtwerke München, München 2017

Behrendt, Lutz-Dieter: Deggendorf. Kleine Stadtgeschichte, Regensburg 2017

Brunner, Herbert, Schmid Elmar D.: Landshut. Burg Trausnitz, München 2003

Deimer, Josef, Weger, Ursula: Landshut. Ein Stadtleben, Regensburg 2013

Destouches, Ulrich von: Haupt- und Residenz-Stadt München und ihre Umgebungen. Ein Wegweiser für Fremde und Einheimische, München 1827

Eisen, Alois, Höck, Michael, Benker, Sigmund: Der Mariendom zu Freising, Regensburg 1986

Engl, Hermann: Ismaninger Perspektiven. Bilder und Geschichten aus der Isargemeinde und ihrer Umgebung, Holzkirchen 1995

Gemeinde Unterföhring (Hg.): Unterföhring im Wandel der Zeiten, Unterföhring 2007

Heilmann, Franz: Moosburg a. d. Isar. Das Stadtbuch nach Sachgebieten (Unser Moosburg 2000), Moosburg 2000

Hiereth, Sebastian: Die Hochzeit zu Landshut 1475, Landshut 1965

Huber, Gerald: Die Reichen Herzöge von Bayern-Landshut. Bayerns goldenes Jahrhundert, Regensburg 2013

Krack, Roland: Föhring. Geburtshelfer Münchens, München 2011

Loos, Chris, Notter, Florian: Residenz Freising. Bildungszentrum »Kardinal-Döpfner-Haus«, Lindenberg, 2008

Lutz, Fritz: Chronik Unterföhring 1180–1980, Unterföhring 1980

Marggraff, Hugo: Der Verkehr auf der Isar einst, jetzt und künftig, in: Bayerland 23, 1911/12, S. 46–47

Markmiller, Fritz: Die Herzogsburg in Dingolfing, Die Kreisstadt Dingolfing, Hochwasser und Brückenheiliger, in: Dingolfing-Landau. Porträt eines Landkreises, herausgegeben von Manfred Schötz, Dieter Vogel u. a., Vilsbiburg 2000, S. 128–130

Mitterer, Harald: Das Autowunder von Dingolfing, in: Dingolfing-Landau. Porträt eines Landkreises, herausgegeben von Manfred Schötz, Dieter Vogel u. a., Vilsbiburg 2000

Müller, K.: Der militärische Wassertransport in Kurbayern, in: Darstellungen aus der Bayerischen Kriegs- und Heeresge-

schichte, herausgegeben vom Königlich Bayerisches Kriegsarchiv, Heft 4, München 1884
Plessen, Marie-Louise (Hg.): Die Isar. Ein Lebenslauf, München 1985
Rädlinger, Christine: Geschichte der Isar in München, München 2012
Reinhard, Werner: Zur Geschichte von Isarmünd, in: Moos in Niederbayern. Ein Heimatbuch, herausgegeben von Johannes Molitor, Deggendorf 2007, S. 163–169
Reither, Dominik: Wie Moosburg von Landshut und München überholt wurde. Eine vergleichende Stadtgeschichte, Moosburg 2017
Rettenbeck, Johann-Georg: Ausführungen des Chronisten Konrad Sixt, 1883, in: Die Isar. Teisbach und Dingolfing, 2005, S. 18
Risinger, Therese: Ismaning. Geschichte eines Dorfes, Ismaning 2004
Rösch, Günther: Chronik 150 Jahre St.-Johann-Nepomuk-Verein Plattling, Plattling 2014
Rückschloß, Bernhard: Der Bahnhof Plattling, Deggendorf 2010
Rüth, Gabriele: Entlang der Loisach. Von Biberwier bis Wolfratshausen – Ausflüge auf den Spuren der Flößer, München 2013
Dies.: Entlang der Isar. Von Scharnitz bis München-Thalkirchen – Ausflüge auf den Spuren der Flößer, Band 1, München 2015
Scheurmann, Karl: Die Isar im Wandel der Zeiten, in: Die Isar. Ein Lebenslauf, herausgegeben von Marie-Louise Plessen, München 1985, S. 33ff.
Simon, Paulus J.: Landau an der Isar, in: Dingolfing-Landau. Porträt eines Landkreises, herausgegeben von Manfred Schötz, Dieter Vogel u. a., Vilsbiburg 2000
Soffner-Loibl, Monika: Landau an der Isar. Kath. Kirchen der Stadtpfarrei St. Mariä Himmelfahrt, Passau 2010
Schötz, Manfred, Vogel, Dieter u. a. (Hg.): Dingolfing-Landau. Porträt eines Landkreises, Vilsbiburg 2000
Stadt Moosburg (Hg.): 1200 Jahre Moosburg a. d. Isar. 771–1971, Moosburg 1971
Stadt Wolfratshausen (Hg.): Heimatbuch Wolfratshausen, Wolfratshausen 2002
Stahleder, Helmuth: Chronik der Stadt München, Bände 1–3, München 2005
Stöttner, Elmar: Landau: Juwel in einer Kette von Städteperlen. Die historischen Hintergründe der Gründung Landaus Zwischen Himmel und Hölle, in: Zwischen Himmel und Hölle. Vom Leben bis zum Sterben in einer spätmittelalterlichen Stadt in Niederbayern. Katalog der Ausstellung im Niederbayerischen Vorgeschichtsmuseum, herausgegeben von Ludwig Kreiner, Landau a. d. Isar 1999
Tausche Gerhard, Ebermeier Werner: Geschichte Landshuts, München 2013
Verein »Die Förderer« des Altlandkreises Landau a.d. Isar (Hg.): Landauer Heimatbuch, Landau 1958
Westenrieder, Lorenz: Beschreibung der Haupt- und Residenzstadt München im gegenwärtigen Zustande, München 1782
Widl, Josef: Die Isar, Plattlings Schicksalsstrom, in: Festschrift 100 Jahre Stadterhebung Plattling, herausgegeben von der Stadt Plattling, Plattling 1988
Wilhelm, Bernard: Landwirtschaft, Handel, Gewerbe und Industrie, in: Stadt Plattling (Hg.): Festschrift 100 Jahre Stadterhebung Plattling, Plattling 1988
Wittl, Wolfgang: Die Heimatvertriebenen, in: Süddeutsche Zeitung, 22.7.2013
Wurster, Herbert W.: Die Altpfarrei Frammering von den Anfängen bis zur Stadtgründung von Landau, 1999; in: Kreiner Ludwig (Hg): Zwischen Himmel und Hölle. Vom Leben bis zum Sterben in einer spätmittelalterlichen Stadt in Niederbayern. Katalog der Ausstellung im Niederbayerischen Vorgeschichtsmuseum, Landau a. d. Isar 1999, 1999
Zacher, Franz X.: Geschichte der Stadt Plattling, München 1948

Sonstige Quellen

Archiv Flößerstraße
Baureferat München
Heimatmuseum Niederaichbach: Privatarchiv Otmar Reiter
Landratsamt Deggendorf
Landratsamt Freising
Landratsamt München
Stadtarchiv Landau, Historisches Archiv
Stadtarchiv Landshut
Wasserwirtschaftsamt Landshut

Internetquellen

web.archive.org
www. bavarikon.de
www.erzbistum-muenchen.de
www.historisches-lexikon-bayerns.de
www.regierung.niederbayern.bayern.de